인간을 닮은 기계 앞에서,
우리는 인간을 찾는다.

신을 꿈꾼 인간,
인간을 꿈꾸는 기계.

김 상 균

휴머노이드

홈페이지 | www.vegabooks.co.kr   **이메일** | info@vegabooks.co.kr
블로그 | http://blog.naver.com/vegabooks
인스타그램 | @vegabooks   **페이스북** | @VegaBooksCo

인간을 닮은 기계, 공존의 시작

휴머노이드

김상균 지음

베가북스
VegaBooks

오래전 동화 속에서 양철 인형에 생명을 불어넣던 마법사가 있었다면, 지금은 신소재와 알고리즘을 조합해 인간과 비슷한 새로운 존재를 창조하려는 빅테크 기업들이 있다. 그들이 세상에 만들어내는 휴머노이드는 인간을 돕는 동반자가 될 것인가 아니면 인간과 경쟁하는 대체자가 될 것인가.

차가운 기계의 손끝은 이제 인간의 부드러운 손길을 흉내 내고, AI의 연산은 인류의 철학적 깊이를 넘어서는 시대가 도래하고 있다. 단순한 도구로 개발되던 휴머노이드는 이제 인간의 형상을 지니고 사회의 한 축으로 자리 잡으며 인간과 어깨를 나란히 할지도 모른다. 사회를 구축하고 인류를 생존시켰던 노동의 풍경은 앞으로 어떻게 바뀔 것이며, 감정의 범위와 윤리적 문제, 그리고 인간의 고유한 권리는 어디까지 확장될 것인가.

이 책은 휴머노이드라는 개념이 본질적인 논의에서 현실로 이행되는 순간, 우리가 마주해야 할 질문과 선택지를 날카롭게 제시한다. 가까운 미래 기술과 철학, 자본과 시장이 교차하는 지점에서 우리는 이들과 어떤 관계를 맺을 것인가. 피할 수 없는 변화의 쓰나미 속에서 공존의 가능성을 찾고자 한다면 이 책을 펼쳐라.

궤도(과학 커뮤니케이터, 『과학이 필요한 시간』 저자)

AI와 가상 인간, 그리고 휴머노이드의 시대에, 많은 인재들이 첨단 로봇을 개발해내는 데 박차를 가한다. 그런데 어떻게 인간을 닮은 기계와 잘 공존할 것인지, 그 존재를 인정하면서 어떻게 혼란을 수용해나갈 것인지, 이를 고민하는 인재들은 그 수가 적다. 인류가 다가오는 휴머노이드 문명에 지혜롭게 대응하도록, 그들과 함께 살아가면서 인간의 소외와 기계를 학대하는 비인간성을 극복하도록 돕는 인재들이야말로 절실하다.

휴머노이드와 인간의 공존에 대한 대중적 논의를 끌어내리는 이 책을 통해, 미래 문명의 시민들이 갖출 자세를 떠올려본다. 인본주의를 더 위대하게 탈바꿈하는 숙제를 깨닫고, 산업과 예술에서 고루 취해야 할 융합적인 통찰력을 얻기 바란다.

저스피스 재단은 편견을 버리고 차이를 인정하며 서로 사랑하자(LOVE TOGETHER)는, 설립자 지드래곤의 발언으로 문을 열었다. 이런 열린 마음과 상상력으로 세상에 기여하는 미래 세대를 양성하는 재단으로서, 휴머노이드의 시대를 준비하는 인재들에게 이 책을 추천한다.

저스피스 재단(JusPeace Foundation)

왜 지금
휴머노이드인가?

2025년 1월 6일, 미국 라스베이거스에서 열린 CES 2025(매년 미국 라스베이거스에서 개최되는 세계 최대 규모의 신기술 전시회). 엔비디아의 CEO 젠슨 황은 기조연설에서 피지컬 AI(Physical AI) 개발 플랫폼인 '코스모스 월드 파운데이션 모델(Cosmos World Foundation Models)'을 소개했습니다. 코스모스는 2천만 시간, 대략 2,200년 분량의 영상을 학습한 플랫폼입니다. 그는 "로봇의 챗GPT 모멘트가 오고 있다."라고 말하며, 로봇 산업의 폭발적 발전을 내다봤습니다.

이런 상황에서 BMW, 테슬라, 아마존, BYD 등의 글로벌 기업들은 휴머노이드(Humanoid) 로봇을 노동 현장에 투입하는 작업에 매진하고 있습니다. 중국 휴머노이드 기업들은 일반 대중, 가정용 휴머노이드 판매까지 준비하고 있습니다. 모건스탠리는 2025년 초에 발간

한 보고서에서 10년 후 로봇 및 휴머노이드 시장 규모가 60조 달러까지 성장할 것이라고 예측했습니다. 기관마다 차이가 있으나, 2023년 글로벌 자동차 산업 규모는 3조 달러에 미치지 못하는 것으로 집계됩니다. 같은 해 미국과 중국의 GDP는 월드뱅크 기준 각각 27.7조 달러, 17.8조 달러였습니다. 만약 모건스탠리의 예측이 맞다면, 2035년 로봇 및 휴머노이드 산업은 현재 자동차 시장의 20배 규모로 성장하며, 미국과 중국의 GDP를 합친 규모를 넘어서게 됩니다.

실리콘밸리의 여러 투자자들은 향후 10년, 휴머노이드 산업이 스마트폰 혁명을 넘어서는 파장을 일으키리라 예견합니다. 일부 낙관론자는 앞으로 10억 대, 많게는 100억 대의 휴머노이드가 지구 곳곳을 누비게 될 것이라 말합니다. 먼 미래 이야기가 아닙니다. 불과 몇 해 전만 해도 챗GPT 같은 생성형 AI가 우리 일상을 이렇게 바꿀 거라 예상하지 못했듯, 휴머노이드 역시 의외로 빠르게 우리 곁에 다가올 것입니다. 결국, 휴머노이드라 불리는 인간을 닮은 기계, 새로운 존재들이 피지컬 AI의 대표로 자리 잡을 것입니다.

휴머노이드는 무엇인가?

우리는 지금, 역사적 전환점의 문턱에 서 있습니다. AI 기술은 이미 스마트폰, 자동차, 인터넷 서비스에 깊숙이 스며들었고, 로봇은 제조 공정과 물류 창고를 넘어 일상 한구석에 자리 잡기 시작했습니다. 실험실이나 공장 바닥에 머물던 기계들이 점점 더 정교해지고, 점점 더 인간과 유사한 형태와 움직임을 갖추고 있습니다.

로봇이란 무엇일까요? 로봇은 활용 분야, 기능 및 형태에 따라 다양하게 나뉩니다. 크게는 산업용 로봇, 서비스 로봇, 특수 로봇, 반려로봇 등입니다. 산업용 로봇은 자동차 조립라인이나 전자제품 생산공정처럼, 대량생산에 특화된 기계 팔 형태가 대표적입니다. 속도와 정확성이 핵심이므로, 인간처럼 걷거나 감정을 표현하는 기능보다는 정밀 작업 능력에 초점이 맞추어집니다. 서비스 로봇은 물류 창고에서 화물을 옮기거나, 호텔, 병원 등에서 안내 서비스를 제공하는 등의 역할을 맡습니다. 때로는 바퀴가 달려 자유롭게 이동하고, 간단한 대화나 안내가 가능한 소프트웨어가 탑재되기도 합니다. 특수 로봇은 재난 구조나 군사 정찰처럼 극한상황에서 인간을 대신해 위험을 감수하는 로봇입니다.

이처럼 로봇은 용도와 환경에 따라 다양한 형태와 기능을 지니지만, 그중에서도 휴머노이드가 갖는 특별한 의미는 바로 '인간과 닮은 신체 구조'를 지녔다는 점에 있습니다. 사람처럼 머리, 몸통, 팔, 다리를 갖춘 로봇을 휴머노이드라 부르며, 그들의 목적은 인간이 사용하는 도구나 건축물, 생활환경에 자연스럽게 적응하는 것입니다. 동시에 외형뿐 아니라 인간의 움직임, 표정, 동작 등을 모사하며, 사람과 더 친밀하게 상호작용을 하고, 때론 감정 표현까지 흉내 내기도 합니다.

인간을 닮은 기계가 던지는 질문

휴머노이드는 단지 '사람처럼 생긴 로봇' 그 이상을 의미합니다. 이들은 인간의 형태에 맞춰 세워진 도시에 들어와, 가정과 직장, 병원과 학교, 공공장소와 문화 공간에서 우리와 함께 호흡하고 교류하게 될지도 모릅니다. 그때 우리는 과연 그들을 어떻게 바라봐야 할까요? 그들이 우리 곁에서 노동하고, 예술하고, 심지어는 인간과 비슷한 감정이나 판단을 흉내 낼 때, 우리는 그들에게 어떤 권리와 의무를 부여해야 할까요? 휴머노이드는 인간의 본질과 미래를 보여주는 상징적인 존재입니다. 인간을 닮아가는 기계는 "인간이란 무엇인가?"라는 근원적 물음을 우리에게 던지고 있습니다.

이렇게 반문할지도 모르겠습니다. "휴머노이드, 그건 기술자나 로봇공학 연구자들이 고민할 대상 아니야?" 하지만 이 질문은 결코 그들만의 몫이 아닙니다. 휴머노이드와 공존하는 미래는 우리 사회의 제도, 법, 경제구조, 문화, 가치관, 그리고 개인의 감정과 관계까지 깊숙이 흔들어놓을 가능성이 큽니다. 인간이란 무엇이며, 인간만의 고유 영역이 무엇인지, 노동과 가치 창출의 의미는 어떻게 변화할지, 사랑과 우정이 어떻게 새롭게 정의될지, 이 모든 물음은 결코 특정 분야 종사자들만의 고민이 아닙니다. 이는 모두의 이야기이며, 모두가 답해야 할 질문입니다.

미래가 아닌 오늘의 이야기

이 책은 휴머노이드가 가져올 거대한 변화를 일상, 산업, 경제, 사회, 관계, 윤리 등 다각도에서 살펴봅니다. "왜 하필 인간과 똑 닮은 형상을 만들까?" 같은 사소해 보이지만 궁금한 지점에서부터, "휴머노이드가 이름을 가지면 법적, 사회적 주체로 인정해야 할까?", "아예 휴머노이드도 소득세를 내야 하지 않을까?", "성직자, 판사, 셰프나 아이돌 같은 직업까지 휴머노이드가 맡을 수 있을까? 그러면 인간이 할 일은 무엇인가?" 등, 기존 관념에 도전하는 질문들을 펼쳐봅니다.

SF나 공상과학에만 나오는 이야기가 아니라, 지금 전 세계 기업과 연구실에서 어떤 기술을 개발하고 있으며, 그것이 우리 삶을 얼마나 빠르게 뒤흔들지 짚어봅니다. 더 나아가, "휴머노이드 시대가 오면 아이 교육은 어떻게 할까?", "인간이 로봇과 사랑에 빠질 수 있을까?", "노동시장이 재편되면, 우리에게 가장 유리한 전략은 무엇일까?", "휴머노이드가 고장 나면 그건 죽음인가, 폐기인가?"처럼, 지금까지 상상해본 적 없는 난제들도 놓치지 않습니다.

왜 지금 휴머노이드를 얘기할까요? 바로, 인간이 만든 기계가 인간을 완벽히 닮아가는 순간, 우리가 오랜 세월 묻어두었던 질문인 "나는 왜 인간인가?"가 다시금 솟아오르기 때문입니다. 이 물음에 답하는 과정에서, 인류 사회는 또 한 번 커다란 도전에 직면할 것입니다. 거대한 도전의 문을 열고, 함께 길을 찾아나서길 바랍니다. 이 책은 그 긴 여정의 시작점입니다.

2025년 봄

희망과 불안의 경계에서

김상균

차례 CONTENTS

"로봇의 챗GPT 모멘트가 오고 있다.
우리는 모두 자신만의 로봇을 곁에 두게 될 것이다."

젠슨 황 / 엔비디아 CEO

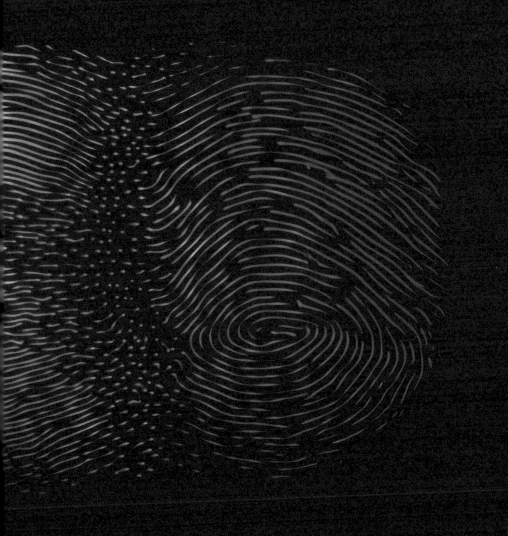

인류가 창조한 것은
기계가 아니라 새로운 존재다

사람의 생김새를 닮은 것, 그게 휴머노이드의 핵심이다

오랜 세월 동안, 인류는 끊임없이 도구를 만들어왔습니다. 처음에는 뾰족한 돌이나 나무 막대기 같은 단순한 도구였지만, 시간이 흐르고 기술이 발전하면서 점차 기구와 기계로, 그리고 이제는 AI와 로봇으로 그 영역을 확장하고 있습니다. 그 과정에서 우리 눈에 익숙한 형태는 무엇일까요? 사람 손으로 잡기 좋게 만들어진 손잡이, 사람의 신체 구조를 고려해서 제작된 의자, 인간의 걸음걸이에 맞게 설계된 계단 등 우리가 생활 속에서 마주하는 사물은 인간의 신체적, 감각적 특징과 한계에 맞춰졌습니다. 그렇다면 인간을 닮은 기계, 휴머노이드는 왜 굳이 인간과 유사한 형상을 갖게 되었을까요? 그 형상에 담긴 역사적, 기술적, 사회문화적 배경을 살펴보겠습니다.

빅테크 기업들이 개발 중인 휴머노이드들

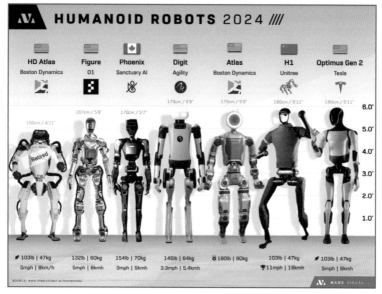

인간 중심의 물리적 환경에 적응하기 위해

우리가 사는 세계는 철저히 인간 친화적으로 설계되어 있습니다. 도로 폭과 교통신호, 심지어는 악기를 연주하는 방법까지 모두 인간의 평균적 신체 치수를 고려하여 만들어졌습니다. 이처럼 인간 주도적으로, 인간에 맞춰 설계하고 만들어온 인공 환경은 인간형 신체를 가진 존재에게 유리합니다. 사람처럼 문고리를 잡아 문을 열고, 사람에 맞는 크기의 의자에 앉으며, 사람 손으로 만질 수 있도록 설계된 도구와 기계를 그대로 사용할 수 있다면, 그 로봇은 별도의 개조나 특수한 부품 없이도 우리 생활공간 곳곳을 누빌 수 있습니다. 물론, 바퀴 달린 로봇이나 드론 형태의 로봇도 다양하게 연구되고 있지만, 이들은 인간 중심으로 구성된 물리적 세계에서 움직이려면 특별한 인프라나 추가 장치가 필요할 상황이 많습니다. 반면, 인간과 유사한 신체 비례를 갖춘 휴머노이드는 '이미 존재하는 환경'에 비교적 쉽게 적응합니다.

단순한 외형, 신체 비례만 인간과 닮은 것이 아닙니다. 내부적인 작동 원리에서도 인간을 모방하는 경우가 많습니다. 일례로, 미국 듀크대 연구팀은 휴머노이드가 이동할 때 사용하는 에너지를 줄이기 위해, 인간 보행의 원리를 참고해 휴머노이드를 설계하고 학습시켰습니다. 인간은 진화적으로 에너지 소비를 최소화하면서 움직이는 방식(수동역학)을 활용하는데, 이를 휴머노이드에도 적용해 자연스러운 보행을 만들고 에너지 효율성을 높였습니다. 그 결과, 기존 방식보다 실제 환경에서 에너지 소비를 31% 줄이는 데 성공했습니다. 즉, 외형만 닮은 것이 아니라 세세한 움직임까지 인간을 닮은 로봇이 되고 있습니다. 단순히 보면, 겉과 안이 인간과 닮아야 인간 세상에서 함께 지내는데 별 탈이 없다는 뜻입니다.

유대감 형성 & 거부감 최소화

인간은 다른 인간을 대할 때 얼굴 표정, 신체 동작, 시선의 방향, 음성 톤 등 다양한 비언어적 신호를 통해 정보를 교류합니다. 이러한 상호작용은 오랜 진화의 결과물로, 우리는 '사람다운 형태'를 가진 대상을 만났을 때 본능적으로 그를 이해하려 하고, 그 의도를 파악하려 합니다. 휴머노이드가 사람과 비슷한 외형을 갖출 경우, 인간은 그 로봇을 대할 때 훨씬 직관적으로 반응할 수 있습니다.

예를 들어, 휴머노이드가 우리와 시선을 마주하고 고개를 끄덕이며, 손짓을 통해 사물을 가리킨다면, 우리는 별도의 학습 없이도 그 의도를 짐작할 수 있습니다. 이런 비언어적, 직관적 소통 능력은 사용자 편의성과 친숙함을 높여주며, 특히 기술에 익숙하지 않은 사람들에게도 큰 장점이 됩니다. 실제로 싱가포르국립대학교와 홍콩중문대학교 연구팀은 휴머노이드가 인간처럼 비언어적 제스처를 통해 의사소통할 수 있는지를 실험했습니다. 연구팀은 관절이 10개인 단순한 휴머노이드를 사용해 다양한 동작을 인간과 휴머노이드 각각이 표현하는 영상을 제작했습니다. 실험 참가자들에게 영상을 보여주고 각 제스처의 의미를 해석하도록 요청한 결과, 고개 끄덕임, 박수, 포옹, 화남 표현, 걷기, 날기 등은 휴머노이드가 수행해도 인간이 높은 정확도로 인식했습니다. 특히, 휴머노이드가 고개를 끄덕이는 행동은 인간에게 신뢰와 동의를 전달하는 데 효과적이었으며, 박

수는 감사를 표현하는 제스처로 잘 인식되었습니다. 소셜 로봇과 간병 로봇 등 일상 영역에서 인간과 자연스러운 소통이 필요한 휴머노이드를 제작할 때 이와 같은 비언어적 제스처는 중요한 단서입니다.

심리학자들은 유아도 얼굴 모양의 단순한 패턴(두 개의 점이 눈을, 하나의 선이 입을 의미하는 간단한 모양)만으로도 그 대상을 '사회적 존재'로 인식하고 반응한다는 점에 주목해왔습니다. 예를 들어, 아기들은 랜덤한 패턴보다 '얼굴을 닮은 모양'에 더 오랫동안 시선을 머무는 경향을 보입니다. 휴머노이드가 인간형 얼굴을 가지고 있다면, 사용자들은 이를 나와 대화하고, 나를 이해하려는 존재로 쉽게 받아들일 수 있습니다.

여러 로봇 연구자, 인지과학자, 심리학자들이 '언캐니 밸리(Uncanny Valley)'라는 개념을 자주 언급합니다. 이는 휴머노이드 로봇이나 인형 등이 인간과 너무 비슷하면서도 미묘하게 다른 모습을 보일 때, 인간이 느끼는 불쾌감이나 섬뜩함을 의미합니다. 그러나 이 언캐니 밸리를 극복할 수 있다면, 인간과 흡사한 외형은 오히려 정서적 안정감과 친밀감을 가져올 수 있습니다. 사람들은 무생물적인 네모난 모양의 금속 상자에 눈코입을 그렸다고 갑자기 친숙함을 느끼진 않습

> **🌐 언캐니 밸리(Uncanny Valley)**
>
> 인간을 닮은 로봇이나 캐릭터를 볼 때, 처음에는 귀엽다고 느끼다가 그 유사성이 높아질수록 오히려 섬뜩하거나 불쾌감을 느끼게 되는 현상을 말합니다. 왜 이런 일이 일어나는지 명확히 밝혀지지는 않았지만, 우리가 인형이나 만화 캐릭터는 좋아하면서도 어설프게 사람을 흉내 내면 거부감을 갖게 되는 심리를 보여주는 흥미로운 개념입니다.

눈썹과 입술을 가진 키스멧

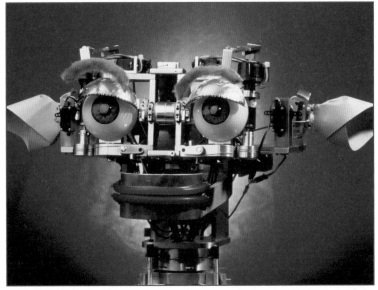

출처: 로봇가이드

니다. 하지만 익숙한 신체 비율, 자연스러운 표정을 갖춘 휴머노이드는 마치 '또 다른 인간'처럼 받아들여질 수 있습니다. 이는 특히 노인 돌봄이나 간병, 교육, 상담 등 인간적인 접촉, 정서적 교감과 이해가 요구되는 분야에서 상당한 장점이 됩니다. 단순히 겉모습이 사람과 많이 닮았는지가 아니라, 얼마나 사람과 자연스럽게 상호작용을 하면서 관계를 형성할 수 있느냐가 중요합니다.

MIT 미디어랩의 신시아 브리질(Cynthia Breazeal)이 개발한 키스멧(Kismet)은 단순한 눈썹, 입술 움직임만으로도 관찰자들에게 '이 로봇은 감정을 가진 것 같다는 느낌을 준다'고 평가받았습니다. 이러한 연구는 얼굴 표정과 신체 언어가 얼마나 강력하게 사람들의 신뢰와 친숙함을 이끌어낼 수 있는지 보여줍니다.

문화적 상징성과 공상과학 작품의 영향력

인류 역사, 문화 속에서 인간을 닮은 인공물에 대한 환상은 아주 오래전부터 이어져왔습니다. 고대 그리스 신화의 피그말리온 이야기는 흥미로운 상상력을 보여줍니다. 피그말리온은 뛰어난 조각가로, 자신이 만든 여성 조각상에 완벽한 아름다움을 담아냈습니다. 그런데 그는 이 조각상을 단순한 작품으로만 여기지 않고, 점차 사랑하게 됩니다. 결국, 피그말리온의 간절한 바람은 사랑의 여신 아프로디테에게 닿아, 조각상이 실제 인간으로 변하게 되죠. 이 이야기는 인간이 창조물, 그것도 인간을 닮은 창조물에 얼마나 깊은 애정을 느낄 수 있는지를 상징적으로 보여줍니다. 한편, 중세 시대의 연금술사들은 물질을 변화시키는 연금술을 통해 호문쿨루스(Homunculus)라는 '인간을 닮은 작은 존재'를 만드는 꿈을 꾸었습니다. 그들은 이 작은 인간형 생명체가 연금술의 최고봉이자 창조의 최후 경지에 도달하는 것이라 믿었습니다. 비록 실제로 실현되지는 못했지만, 이러한 시도는 인간이 '생명을 창조하는 신의 역할'에 대해 끊임없이 호기심을 가지고 있었음을 보여줍니다.

19세기 이후 유럽 문학과 연극에서 등장한 인조인간, 20세기 초

괴테의 파우스트에 등장하는 호문쿨루스

의 공상과학소설, 그리고 21
세기의 SF영화에 이르기까지,
인간과 닮은 기계적 존재는
수없이 그려져왔습니다. 문화
속에서 인간형 로봇은 미래
를 상징하는 존재로 자리 잡
았으며, 사람들은 막연히 로
봇이라면 사람 형태일 것이라
는 고정관념을 가지게 되었습
니다. 많은 엔지니어와 디자
이너 역시 이러한 문화적 전
통을 자연스럽게 이어받아,

출처: 위키피디아

사람 형상의 기계를 만드는 것이 가장 미래 지향적이고 진보적이라
는 인식을 갖게 된 면도 있습니다. 결국, 휴머노이드 디자인은 단순
히 기술적 필요성뿐 아니라 문화적 문법에 따라 형성된 결과이기도
합니다.

사회적 수용성 및 신뢰 구축

새로운 기술이나 기계가 사회 속으로 들어올 때는 언제나 저항

과 의구심이 뒤따릅니다. 휴머노이드가 일상에 들어온다면, 사람들은 이를 단순한 기계로 볼 수도 있고, 혹은 의인화하여 '또 다른 존재'로 받아들일 수도 있습니다. 인간과 가까운 형태는 새로운 기술에 대한 심리적 문턱을 낮추는 전략이 될 수 있습니다. 예를 들어, 가정용 보조 로봇이 만약 탁자처럼 네모난 상자 형태라면, 사람들은 그 기계가 무엇을 하고자 하는지 직관적으로 파악하기 어렵고, 감정적으로도 크게 와닿지 않을 수 있습니다. 반면, 사람 크기의 몸체에 얼굴과 팔다리가 달린 휴머노이드 로봇이라면, 그 로봇이 방을 청소하거나 설거지하는 모습을 상상하는 것이 훨씬 쉽습니다. 그리고 그러한 상상은 "아, 이 로봇이 우리 삶의 일부가 될 수 있겠구나."라는 신뢰감을 형성하는 데 큰 도움을 줍니다. 이는 마케팅 측면에서도 중요하며, 기업들은 소비자들이 로봇을 낯설지 않게 받아들이도록 휴머노이드 디자인을 선택할 수도 있습니다.

타인과 닮고 싶고, 다르고도 싶은 마음

그러면 로봇이 아니라, 사람 사이에는 서로 어느 정도 닮아야 마음이 편할까요? 인간은 타인과 비슷하길 원하면서도, 동시에 자신만의 차이점을 지키려는 이중적 욕구가 있습니다. 비슷한 신체적 특성, 배경, 취향, 생각을 가진 사람을 만났을 때, 우리는 쉽게 친밀감을 느끼며 "아, 이 사람도 나와 비슷하구나!"라는 안도감을 얻습니다. 심리학에서는 이를 유사성-매력 이론(Similarity-Attraction Theory)이라 부릅니다.

> **🐾 유사성-매력 이론(Similarity-Attraction Theory)**
>
> 이 이론은 사람들은 자기와 비슷한 생각이나 취향, 가치관을 가진 사람에게 더 호감을 느낀다는 내용입니다. 예를 들어, 같은 음악 장르를 좋아하거나, 비슷한 성격을 가진 사람과는 금방 친해질 수 있습니다. 이러한 성향은 사회적 관계를 형성하는 데 중요한 요소이며, 팀 작업이나 연애에서도 잘 드러나는 심리학적 현상입니다.

유사성이 상호 이해와 유대감을 높인다는 뜻입니다. 낯선 환경에 놓인 사람들은 종종 출신 지역이나 관심사가 같은 사람끼리 빠르게 뭉치는 모습을 보이는데, 이는 서로 간의 심리적 안전지대를 형성하기 위해서입니다.

그런데 지나치게 비슷한 존재를 마주했을 때, 의외로 불편함을 느낄 때가 있습니다. 예를 들어, 나와 동일한 옷을 입거나, 너무 똑같은 얘기를 하는 사람을 만났을 때, 부담스러운 감정을 느끼기도 합니다. 이는 최적 차별화 이론(Optimal Distinctiveness Theory)과도 연결됩니다. 인간은 집단에 속해 안정감을 얻고 싶어 하면서도, 자신의 고유한 개성과 정체성을 잃지 않으려 합니다. 요컨대, 너무 다르

> **🐾 최적 차별화 이론(Optimal Distinctiveness Theory)**
>
> 인간은 집단에 속해 안정감을 얻고 싶어 하면서도, 동시에 자신만의 개성이 돋보이길 원합니다. 바로 이 두 욕구 사이에서 적절한 균형점을 찾을 때, 가장 큰 심리적 만족감을 얻는다는 것이 최적 차별화 이론입니다. 예를 들어, 팀 유니폼을 입되, 자신의 유니폼에 살짝 독특한 표시를 넣는 것처럼 연대감과 독특함을 둘 다 놓치고 싶어 하지 않는 마음을 설명해줍니다.

면 함께 어울리기 어렵고, 너무 똑같으면 나 자신이 없어지는 것 같다는 이중적 심리가 작동하는 겁니다.

이러한 모순된 욕망은 인간이 휴머노이드와 상호작용을 할 때도 고스란히 드러납니다. 휴머노이드가 사람과 닮아서 친숙하고 편안하면 좋지만, 언캐니 밸리 지점처럼 미묘하게 다른 요소가 감지되면 본능적인 거부감이 생깁니다. 반대로, 전혀 인간적이지 않은 모습이라면, 그 대상과 감정적으로 교감하고 소통하는 데 어려움을 느낍니다. 결국 인간은 '나와 적당히 닮으면서도, 동시에 과하지 않게 달라야' 편안함을 느끼는 복잡한 존재입니다.

이 사실은 휴머노이드를 설계하는 디자이너와 엔지니어들에게도 중요한 시사점입니다. 지나치게 인간과 똑같은 외형을 재현하기보다는, 사용자가 '적당히 사람다움'을 느끼되, 불쾌감을 일으키지 않을 '적절한 틈'을 남겨야 합니다. 이는 궁극적으로 우리가 휴머노이드를 대할 때 느끼는 정서적 안정감, 신뢰감, 친밀감을 유지하면서도, 어딘가 인간과는 조금 다른 존재라는 '안전거리를 확보하는 전략'이 되기도 합니다. 닮아야 편해지지만, 너무 닮으면 불편해지는 아이러니 속에서 끊임없이 균형점을 찾는 게 인간의 마음입니다.

결론

　우리가 로봇 강아지나 로봇 물고기보다 '인간형 로봇'에 더 많은 관심을 보이는 이유는 무엇일까요? 그것은 바로 자신을 이해하고, 자기의 본질을 비춰볼 수 있는 거울과 같은 존재이기 때문입니다. 사람 형태를 한 로봇은 인간 사회가 자신을 어떻게 바라보는지를 반영합니다. 휴머노이드를 통해 우리는 "인간이란 무엇인가?"라는 근원적 질문에 직면합니다. 인간과 유사한 모습을 갖추었지만, 인간이 아닌 존재를 마주할 때, 우리는 그 존재가 우리와 무엇이 다른지, 달라야 하는지, 무엇이 비슷하고, 비슷해서 어떤 책임이나 권리를 가질지 등을 고민하게 됩니다. 결국, 인류는 휴머노이드를 통해 자신을 돌아보게 됩니다. 휴머노이드의 외형은 우리 사회가 기술을 바탕으로 인간성을 재정립하는 과정에서 중요한 상징이 될 것입니다.

사유의 문을 열며

----

*본문에서 설명한 내용을 바탕으로, 독자들의 사유에 도움이 될 질문을 제시합니다. 각자 생각해보거나, 주변 사람들과 의견을 나눠보길 권합니다.

- 미래의 사무실, 가정집은 휴머노이드와 공존을 위해 가구, 공간 배치 등이 어떻게 달라질까요?

- 인간형이 아니라 포켓몬 만화나 SF영화에 나오는 외계 생명체 형상의 로봇을 만들고, 그런 로봇들이 우리와 일상을 함께 한다면, 세상이 어떻게 변할까요?

휴머노이드도
결국 각자의 이름을 갖게 된다

휴머노이드를 처음 마주한 순간, 사람들은 인간과 너무나 흡사한 외모와 움직임에 놀라지만, 동시에 "이 존재를 어떻게 불러야 할까?"라며 머뭇거리기도 합니다. 이름을 갖는다는 것은 단순한 호칭 이상의 의미가 있습니다. 심리학적으로는 상대를 '독립된 존재로 인식'하는 상징이 되며, 사회학적으로는 '권리와 책무의 주체성'을 부여받는 단계가 될 수 있습니다. 또한. 법률적으로는 '법적 지위나 책임 소재'를 논할 때, 특정한 주체로 식별하기 위한 기초가 됩니다. 인간을 닮은 기계가 과연 이름을 가져야 하는지, 그리고 이름이 갖는 함의는 무엇인지를 다양한 관점에서 살펴보겠습니다.

정체성을 가진 존재

고대 그리스 철학자 플라톤은 이름이 단순히 대상을 지칭하는 기호가 아니라, 사물의 본질이나 이데아(Idea)를 반영하는 역할을 한다고 풀이했습니다. 이름은 단순한 호칭 이상의 가치를 지니며, 대상에 대한 우리의 인식과 태도를 반영한다는 뜻입니다.

이 관점을 휴머노이드에 적용해본다면, 그들에게 부여되는 이름은 단순한 이름표를 넘어 그 존재의 정체성과 우리가 그들을 어떻게 바라보는지를 상징하는 단서입니다. 예를 들어, 휴머노이드에게 '개똥이'나 '언년이'와 같은 이름을 붙인다면, 이는 조선시대 노비의 이름이 지녔던 사회적 함의를 떠올리게 합니다. 이는 휴머노이드를 단순히 일을 수행하는 도구적 존재나 인간보다 낮은 위치의 개체로 보는 태도를 반영합니다. 반대로, '민수', '지아'와 같은 아이의 이름을 붙인다면, 이는 그들을 가족의 일원으로 인식하거나 감정적으로 가까운 존재로 여길 가능성을 나타냅니다. 이름을 통해 휴머노이드를 단순한 기계 이상으로 바라보고, 인간적 유대감을 형성할 수 있는 존재로 여기는 것입니다. 휴머노이드에게 자신이 선망하는 아이돌의 이

> ### 🏵 이데아(Idea)
>
> 고대 그리스 철학자 플라톤이 말한 개념으로, 눈에 보이는 사물의 모양이나 빛깔은 불완전한 모방이고, 이데아야말로 모든 사물의 진짜 원형이라는 생각에서 비롯되었습니다. 현실 세계의 아름다운 물건들은 사실 아름다움이라는 이데아를 어설프게 흉내 내고 있다는 의미입니다. 이 사상은 이후 서양 철학 전반에 큰 영향을 끼쳤습니다.

름, 또는 '아테나', '발키리' 같은 고유하고 이상적인 이미지를 담은 이름을 붙인다면, 이는 그들을 이데아적으로 완벽한, 이상적 존재로 여기는 태도를 나타냅니다. 휴머노이드가 단순히 인간을 돕는 기계가 아니라, 이상화할 수 있는 특별한 존재로 여겨질 수 있음을 암시합니다.

실제로 '소피아(Sophia)'라는 이름의 휴머노이드는 전 세계를 무대로 활약하면서 자신의 이름을 여러 인터뷰에서 밝히고, 자아를 가진 존재처럼 대중에게 다가선 사례가 있습니다. 이 사례는 이름이 가지는 상징성과 더불어, 대중이 어떻게 그 휴머노이드의 존재를 인식하게 되는지 잘 보여줍니다.

언어학적으로 호명(呼名)은 상대를 인식하는 신호이자, 상호작용의 중요한 단서로 작용합니다. 예컨대, 가정용 AI 스피커에게 "헤이 ○○!"라고 부를 때, 우리는 이미 그 AI가 특정 정체성을 가지고 있다고 어느 정도 가정하고 있습니다. 이는 인간끼리도 서로 이름을 불러주면서 의사소통의 대상을 명확히 인식하듯, 기계에게도 유사한 역할을 기대하고 있음을 보여줍니다.

또한, 이름을 통해 기계를 구분할 수 있게 되면, 개인이 여러 기기를 사용할 때 각 기기의 특성이나 역할을 더욱 뚜렷이 분화해서 생각할 수 있습니다. 마치 반려동물 여러 마리를 기를 때, 각 동물의 이름에 따라 성격을 구별하고 상호작용 방식을 달리하듯, 휴머노이드 역시 이름을 통해 서서히 개별화 과정을 거칠 수 있습니다. 즉, 처

여성 인간의 외형을 가진 휴머노이드, 소피아

출처: Alldus

음에는 물리적으로 동일한 3대의 휴머노이드가 있었다고 해도, 각
자에게 이름을 붙이고 상호작용을 하다 보면, 점차 개별적 정체성을
가진 존재로 자리 잡게 됩니다.

동질감 그리고 정서적 애착의 출발점

'의인화(Anthropomorphism)'라는 개념이 있습니다. 이는 본래 인간
이 아닌 대상으로부터 인간적인 속성을 느끼고, 그것을 인간처럼 대
하게 되는 과정을 뜻합니다. 대표적으로 어린아이가 인형에 이름을

붙이고 마치 친구처럼 대하는 경우가 그렇습니다. 휴머노이드가 이름을 갖게 되면, 그러한 의인화 현상이 더 강화될 수 있습니다. 사람들은 이름을 통해 그 휴머노이드에게 정서적 애착이나 동질감을 느끼게 되고, 이는 휴머노이드와의 상호작용을 촉진합니다.

인지과학 분야의 연구에서도, 사람들이 기계를 인간처럼 대할 때 뇌 활동이 어떻게 달라지는지 살펴본 실험들이 있습니다. 실험 참가자들에게 이름이 있는 로봇과 없는 로봇을 번갈아 가며 소개하고, 로봇의 요청에 응하도록 했습니다. 예를 들어, 로봇 1은 이름이 없고, 로봇 2는 '메이'라는 이름이 있습니다. 그 결과, 이름이 있는 로봇인 메이에게서 무언가 요청받았을 때, 참여자들은 더 많은 '감정적 공감과 책임 의식'을 느꼈습니다. 이는 사람의 뇌가 이름이 부여된 존재에게 더 높은 수준의 사회적, 정서적 애착을 갖는다는 사실을 보여줍니다.

이런 연구 결과를 보면, 이름을 통해 형성되는 친밀감은 관계 형성 측면에서, 얼핏 긍정적으로만 여겨질 수 있습니다. 그러나 휴머노이드가 문제를 일으켰을 때 감정적 갈등이나 배신감을 느끼는 등 복합적인 문제도 나타납니다. 예컨대, 소피아에게 이름을 붙이고 활동하는 과정에서, 일부 사람들은 그녀를 '실존하는 일종의 지적 존재'로 받아들이게 되었습니다.

동시에 만약 휴머노이드인 소피아가 불완전한 명령이나 기계적 오류로 문제를 일으킨다면, 그런 상황에서 누가 책임질지를 놓고 법적, 윤리적 논란이 뒤따르기도 했습니다. 앞서 언급한 로봇 1, 2의 실험에서 두 로봇 모두가 실험 참가자에게 적절한 보상을 제공하지 않거나 뭔가 피해를 줬을 때, 실험 참가자들은 로봇 1보다는 메이에게서 더 큰 배신감을 느낀다는 뜻입니다. 사람 간의 관계도 비슷하죠. '통성명'이라는 단계를 거친 사람과 더 빠르게 가까워지지만, 반대로 통성명까지 했던 사람과 뭔가 문제가 생기면 화가 더 나기도 하니까요.

이름이 곧 관계와 권리를 의미할까?

사람이 특정 대상에게 이름을 붙이는 행위는 그 대상을 사회적 영역으로 편입시키는 과정에 해당합니다. 가령 오래전부터 사람들은 애완동물이나 배, 심지어 지진이나 태풍에도 고유한 이름을 부여해왔습니다. 이는 무생물 또는 자연현상일지라도 우리 삶의 한 부분으로서 '관계 맺음'이 이뤄지기 때문입니다.

비슷한 맥락에서 휴머노이드에게 이름을 부여한다면, 그 존재를 인간 사회 안으로 편입하겠다는 의지의 표현입니다. 물론, 아직 휴머노이드가 법적 권리를 행사하거나, 인격 주체로서 인정받는 상황은 아닙니다. 그렇지만 이름을 가진 휴머노이드는 '단순한 기계 이상의 상징성'을 띠게 되고, 인간과 유사한 교감을 나눌 수 있는 대상으로 인식될 가능성이 높습니다.

사회학에서는 호칭이나 이름이 곧 사회적 권력관계를 반영한다고 봅니다. 예를 들어, 어떤 이에게는 '선생님'처럼 정중한 호칭을 쓰고, 또 다른 이에게는 별명이나 영어 이니셜로만 부르는 경우가 있습니다. 이런 차이는 상호 간의 위계, 친밀도, 역할 등이 얽혀 있음을 시사합니다. 마찬가지로 휴머노이드에게 이름을 붙이는 행위는, 그 대상과 어떤 형태의 사회적 관계를 맺고 싶은지 나타낼 수도 있습니다. 나아가 이름을 사용하기 시작하면, 단순 명령어로 기계를 조작하듯 "로봇, 일어나!"라고 말하던 방식 대신, "OOO(이름), 일어나 줄래?"처럼 조금 더 인격적인 어조를 취할 가능성이 커집니다. 이는 인간-기계 간 상호작용 모델을 변화시키고, 궁극적으로 기계를 대하는 태도와 시선을 바꿔놓습니다.

이름을 부여하는 것만으로 휴머노이드가 법적 주체로 인정받는 것은 아닙니다. 가령 인간의 신원 확인에 쓰이는 주민등록번호, 여권 등의 체계가 휴머노이드에게 적용될지 여부는 아직도 미지수입니다. 결국, 이름은 법적으로 식별 기호에 불과할 수도 있고, 그 이상의 권리나 책임이 뒤따르려면 별도의 제도적, 법적 장치가 마련되어야 합니다.

이를테면, "사고가 났을 때 휴머노이드가 범죄 주체가 될 수 있는가?", "휴머노이드의 명의로 계약을 체결할 수 있는가?", 이런 식의 복잡한 법적 이슈가 있습니다. 이처럼 이름을 가졌다고 해서 곧바로 계약의 당사자로 인정받는 것은 아니지만, 이름 자체가 휴머노이드를 사회적 관계망 안에서 개별적으로 식별하고 다루는 첫걸음인 것은 분명합니다.

휴머노이드의 이름이 비즈니스가 되다

팬덤 문화를 기반으로 굿즈(Goods)를 제작, 판매하는 비즈니스 모델은 이미 K-팝 아이돌이나 유명한 캐릭터들에게서 일반적입니다. 마찬가지로 이름과 고유한 설정(성격, 스토리, 디자인)을 가진 휴머노이드는 캐릭터 사업으로도 발전 가능합니다. 이는 휴머노이드가 제공하는 서비스와 별개로, 지식재산권(IP) 사업의 형태를 띨 수 있으므로, 기업 입장에서는 수익 창출 기회가 됩니다. 이처럼 경제, 경영적 측면에서 보았을 때, 휴머노이드에게 이름을 부여하는 것은 시장에서 새로운 가치를 창출하는 전략으로 쓰일 수도 있습니다.

결론

휴머노이드가 이름을 가질 것인가 하는 문제는 단순히 호칭의 편의성을 넘어, 다양한 관점에서 깊은 의미를 품고 있습니다. 이름은 그 존재가 한 사회에 소속되었음을 알리는 신호가 될 수 있으며, 그 대상을 인간적인 방식으로 대하게 만들고, 법적, 윤리적 고민을 요구하는 출발점이 되기도 합니다.

물론, 이름을 부여한다고 해서 휴머노이드가 곧장 인간과 동등해지는 것은 아닙니다. 여전히 법적 주체로서의 책임과 권리, 윤리적 안전장치 마련, 사회 제도 개선 등 많은 과제가 남아 있습니다. 그러나 분명한 사실은, 인간과 휴머노이드가 함께 생활하는 시대가 도래하면서 '그저 번호로 불리는 기계'가 아니라, 서로 이름을 부르고 인격적인 대화를 시도하는 방향으로 관계가 바뀔 가능성이 점점 더 커진다는 점입니다.

이미 디지털 음성비서나 자율주행 자동차의 AI 시스템에도 이름을 붙여 친숙하게 다루는 사례가 늘어나고 있는 상황에서, 휴머노이드의 경우에는 인간과 유사한 외형과 행동까지 갖추고 있기 때문에, 이름 부여가 주는 여파가 훨씬 더 크리라 예상합니다.

이제는 우리가 "휴머노이드는 이름을 가질까?"라는 질문을 던지는 데서 한 걸음 더 나아가, "어떤 이름을 주고, 그 이름을 통해 무엇을 기대할까?"라는 질문을 고민해야 할 때입니다.

사유의 문을 열며

- 당신 집에 집안일을 도와주는 휴머노이드가 들어온다면, 이름을 뭐라고 붙일까요?

- 인간은 스스로 닉네임을 정하기도 하는데, 휴머노이드에게도 스스로 닉네임을 만들 수 있게 해주면 어떨까요?

휴머노이드는
네 개의 팔을 가질 수 있을까?

인류 문명은 오래전부터 여러 개의 팔을 가진 초월적 존재를 상상해왔습니다. 힌두교의 비슈누 신은 우주의 보존을 상징하는 네 개의 팔을 가졌다고 전해지는데, 이는 여러 일을 동시에 수행할 수 있는 전지전능함을 의미합니다. 시바 신은 우주의 창조와 파괴 등을 상징하는 여러 개의 팔을 가진 신으로 묘사되기도 합니다.

동아시아 문화권에서도 천수관음은 천 개의 팔을 가진 모습으로 묘사됩니다. 이는 중생을 구제하려는 자비와 능력을 상징하며, 각각의 팔은 고통받는 이들을 돕는 구원의 손길을 의미했습니다. 그리스 신화의 헤카톤케이레스(백수거신)는 50개의 머리와 100개의 팔을 가진 존재로 묘사되어, 압도적인 힘을 상징했습니다.

현대에 이르러 이러한 상상은 공상과학 작품에서 새로운 형태로 등장합니다. 특히, 외계 생명체나 진화된 인간을 묘사할 때 여러 개의 팔을 가진 모습으로 표현하곤 합니다. 이는 단순히 신체 구조의 차이를 넘어, '인간을 넘어선 존재'에 대한 현대적 상상력을 보여줍니다.

이처럼 인류는 오랫동안 다수의 팔을 가진 존재를 통해 초월적 능력과 가능성을 표현해왔습니다. 이제 기술의 발전으로, 이러한 상상이 현실이 될 수 있는 시대가 되었습니다. 휴머노이드에 네 개의 팔을 달아 초인적 능력을 부여한다면 어떤 일이 벌어질까요? 네 개의 팔을 갖춘 휴머노이드가 가능할지, 그리고 가능하다면 어떤 기술적, 심리적, 사회적 함의가 뒤따를지를 살펴보겠습니다.

인간의 사지 구조를 넘어서는 발상

인간은 머리 하나, 팔 두 개, 다리 두 개를 갖춘 형태로 오랫동안 진화해왔습니다. 도구와 건물, 각종 인프라 역시 이를 전제로 만들어졌습니다. 그런데 휴머노이드에게 네 개의 팔을 단다면, 단순히 외형만 달라지는 것이 아니라 물리적 생활환경 전체를 재정의해야 할지도 모릅니다.

진화론 관점에서 인간의 사지(四肢) 수는 오래전부터 자연선택에 의해 결정되었습니다. 그러나 공학적 측면에서 로봇의 팔 개수는 그리 엄격한 제약이 없습니다. 다만, "휴머노이드는 왜 사람처럼 생겼을까?"에서 설명했듯이, 인간을 닮아야 하는 여러 이유 때문에 팔이나 다리의 개수를 증가시키는 시도는 의외로 드물었습니다. 휴머노이드는 인간과 달리 진화 과정을 거치지 않고, 설계자가 목표로 하는 기능을 달성하기 위해 의도적으로 구조가 결정됩니다. 만약, 네 개의 팔이 작업 효율을 극적으로 높일 수 있다면, 기술로는 구현 가능하다는 뜻입니다.

기술적 과제와 장점, 그리고 잠재력

네 개의 팔을 갖춘 휴머노이드가 구현된다면, 산업 현장에서 여러 가지 장점이 될 수도 있습니다. 예를 들어, 우주 정거장에서 로봇이 한 팔로 도구를 잡고, 동시에 두 번째 팔로는 부품을 교체하며, 나머지 두 팔로는 안전 고리를 잡고 균형을 유지한다면 기존보다 작업 시간을 대폭 단축할 수 있을 것입니다. 심해 탐사나 극지방 연구에서도 마찬가지입니다. 각 팔이 서로 다른 작업을 처리하면, 인간이 하기 어려운 여러 업무를 빠르게 수행할 수 있습니다. 그러나 로봇이 네 개의 팔을 가지려면, 단순히 팔을 두 개 추가하는 것 이상의 공학적 복잡성이 따릅니다. 각각의 팔은 센서, 관절, 동력 장치, 제어 알고리즘을 갖추어야 하고, 이들이 서로 꼬이거나 충돌하지 않도록 유기적으로 연동해야 합니다.

네 개의 팔이 단순한 기능적 영역을 넘어 예술, 엔터테인먼트 분야에서 새로운 가능성을 열어줄 수도 있습니다. 예컨대, 로봇 공연에서 한 휴머노이드가 여러 악기를 동시에 연주하거나, 복합 퍼포먼스를 펼친다면 어떨까요? 일부 연구자들은 인간이 불가능한 음역대, 시퀀스를 동시에 구현함으로써 완전히 새로운 음악 스타일을 선보일 가능성이 있다고 전망하기도 했습니다. 독립적으로 움직이는 휴머노이드는 아니지만, 일본 도쿄대학교 연구팀은 지자이암스(Jijai Arms)라는 기계를 공개했습니다. 지자이암스는 인간의 몸에 부착하는 추가 팔입니다.

사람의 등에 백팩처럼 착용하는 것으로, 최대 6개의 로봇 팔을

네 개의 팔을 가진 인간

출처: 지자이암스

장착할 수 있습니다. 착용자의 움직임에 따라 유연하게 반응하며 마치 거미 다리처럼 움직입니다. 연구팀은 지자이암스를 통해 사회적 상호작용을 촉진하는 다양한 가능성을 제시합니다. 두 사람이 각자 착용한 로봇 팔을 연결해 포옹하거나, 멀리 있는 물건을 대신 집어주는 보조 역할도 수행할 수 있습니다. 특히, 이 로봇 팔은 장애가 있는 사람들에게도 유용하게 활용될 수 있다고 설명합니다.

사람은 팔 네 개를 가진 휴머노이드를 받아들일까?

네 개의 팔을 단 휴머노이드는 뛰어난 작업 능력을 갖출지 몰라도, 실제로 사람들 곁에 존재할 때 어떤 심리적 반응을 불러일으킬까요? 인간과 아주 흡사해 보이지만 '어딘가 비인간적인 특징'을 갖고 있으면, 오히려 앞서 언급했던 '언캐니 밸리'를 자극해 거부감을 줄 수도 있습니다. 영화 「스파이더맨」에 등장하는 '닥터 옥토퍼스'는 백팩에 네 개의 팔을 장착한 모습입니다. 인간은 인간과 대립하는 존재, 빌런을 그릴 때 인간과 사뭇 다른 모습으로 표현하는 경우가 많습니다.

그러나 이를 긍정적으로 해석한다면 '인간을 뛰어넘는 신체성'에 경탄하게 만들 수도 있습니다. 예를 들어, 네 팔 휴머노이드가 생산성을 크게 높인다면, 인간 노동자들이 이를 어떤 시선으로 바라볼지는 복잡한 문제입니다. 이런 로봇 때문에 내 일자리가 사라질 수 있다는 우려가 생길 것이고, 한편으로는 위험한 작업 환경을 로봇이 대신해주므로, 인간은 관리나 감독 역할로 전환하면 좋겠다는 기대감도 공존할 것입니다.

결론

네 개의 팔을 갖춘 휴머노이드 구상은 기존의 인간형 로봇 개념을 넘어서는 도전이자, 인류가 꿈꿔 온 '기계적 진화'의 또 다른 문입니다. 기술적 측면에서는 분명 구현 가능성이 보이고, 심지어 일부 연구 결과들은 실용적인 장점을 입증하고 있습니다. 그러나 심리, 사회, 윤리적 수용성, 안전 규범 마련 등 해결해야 할 과제도 만만치 않습니다.

인간은 이미 기계와 공존하는 시대를 살고 있지만, 인간을 닮은 로봇이 '인간을 능가하는 신체적 스펙'을 갖추는 순간, 우리는 지금 껏 경험하지 못한 변화와 마주하게 될 것입니다. 그러한 변화 앞에서 "무엇을 위해 이런 변화가 필요한가?"를 깊게 고민해야 합니다. 결국, 네 개의 팔을 지닌 휴머노이드가 정말로 탄생하든, 아니면 다른 형태로 발전하든, 그건 우리의 선택에 달려 있습니다.

사유의 문을 열며

- 당신 등에 가벼운 백팩 형태로 한두 개의 팔을 추가로 장착할 수 있다면, 그 팔이 당신을 대신해서 물건을 잡아주거나, 다른 업무를 처리한다면, 팔을 장착할 건가요?

- 인간 모습에 네 개의 팔을 가진 휴머노이드가 좀 징그럽다면, 문어 형태의 로봇을 귀엽게 만들어서 사무실이나 가정에서 쓰는 것은 어떨까요?

휴머노이드도
우울증이 생길까?

    몇몇 분들이 제게 물어온 질문입니다. 과연 휴머노이드가 인간처럼 우울증을 겪을 수 있는가 하는 문제입니다. 이는 단지 심리학적, 정신의학적 이슈에 그치지 않고, 공학적 설계, 윤리적 책임, 산업적 영향까지 다각도로 살펴야 할 주제입니다. 단순한 호기심을 넘어, 기술과 인간의 경계를 재정의하고, 우리가 감정을 어떻게 이해하고 다루는지를 되묻게 합니다.

AI가 감정을 표현한다는 것의 의미

    우울증을 논하기 전에 먼저 AI가 감정을 어떻게 다루는지 이해할 필요가 있습니다. 과거의 로봇들은 센서 입력값에 따라 미리 설정된 동작을 수행했을 뿐, 실제 감정이라고 부를 만한 것을 가지지 않았습니다. 하지만 딥러닝과 같은 최신 AI 기술이 발전하면서 상황 인식 능력과 학습 능력이 비약적으로 향상되었습니다. 이를 통해 휴머노이드가 표정과 행동 패턴을 더욱 인간처럼 정교하게 모사할 수 있게 되었습니다.

예컨대, 음성인식 기반 챗봇이 사람의 목소리 톤을 분석하여 "지금 당신은 슬퍼 보이는군요."라고 대응할 때, 그것은 분류 알고리즘에 의해 슬픔으로 추정한 데이터에 기반한 반응입니다. 이것을 논리에 따른 '기계적 반응'과 달리 인간적인 '정서 표현'으로 간주해도 좋을지는 아직 논란이 많습니다. 결국, 겉으로 나타나는 '표현'과 내면의 '느낌(정서)'은 구분해야 하며, 우울증 역시 이와 같은 선상에서 미묘한 문제입니다.

최근에는 감성 컴퓨팅(Affective Computing)이라는 분야가 각광을 받고 있습니다. 이는 음성, 표정, 맥박 등 다양한 데이터를 통해 인간의 감정을 인식하고, 동시에 휴머노이드나 소프트웨어가 적절한 감정 표현을 하도록 설계하는 기술입니다. 예를 들어, MIT 미디어랩의 연구

> ### 🌸 감성 컴퓨팅(Affective Computing)
>
> 사람과 대화하는 스마트 스피커가 우리의 기분을 알아채고, 얼굴 인식 기술이 표정을 분석해 감정을 짐작할 수 있다면 어떨까요? 감성 컴퓨팅은 컴퓨터가 인간의 정서를 파악하고, 거기에 맞춰 반응하도록 만드는 분야입니다. 이를 활용하면 상담 로봇이 화가 난 고객을 달래거나, 교육용 프로그램이 학습자가 지쳐 보일 때 휴식을 제안하는 일이 일어날 수도 있습니다.

에서는 학습 기능을 갖춘 로봇이 어린이의 정서적 반응을 인식하는 점수가 인간보다 높게 나온 경우도 있었습니다. 이런 기술을 바탕으로 휴머노이드는 대화를 나누는 상대방의 감정 상태를 실시간으로 예측하고, 얼굴 모양이나 제스처를 자연스럽게 바꿀 수 있습니다.

페루 가톨릭대학교 연구팀은 칼리(Qhali)라는 휴머노이드를 개발하여 정신 건강 치료에 적용했습니다. 칼리는 환자와 대화를 나누며 정서적으로 소통하고, 인간처럼 표정도 나타냅니다. 특히, 심리 치료와 원격 상담을 지원하는 데 초점이 맞춰져 있습니다. 머리와 가슴의 스크린은 로봇이 감정을 표현하거나 치료사의 얼굴을 보여주는 데 사용됩니다. 실험 결과, 칼리는 대화 상대의 정서적 안정도를 높이는 데 효과가 있었습니다. 참가자들은 이 로봇을 통해 심리 상담을 받는 경험이 편안하고 유익하다고 평가했습니다. 특히, 로봇의 자연스러운 동작과 유쾌한 대화 방식이 큰 호응을 얻었습니다.

그렇다면 슬픔을 모사하는 휴머노이드는 우울감을 실제로 느낄까요? 정서 상태를 표현하기 위한 모델과, 정서를 내면에서 인지하는 모델은 구분되어야 합니다. 즉, 현재의 기술 수준에서는 로봇이 직접적인 우울감을 느낀다기보다, 입력된 값에 따라 우울해 보이는 동작과 말을 할 뿐이라는 것입니다. 다만, 앞으로 자기 학습과 신체 상태 변화(에너지 소비, 내부 오류 비율, 센서 이상 등)를 반영하는 수준이 높아지면, 기계적이지만 '의기소침한 상태'를 만들어내는 알고리즘적 구조가 생길 가능성도 배제할 수는 없습니다.

심리 치료를 돕는 칼리

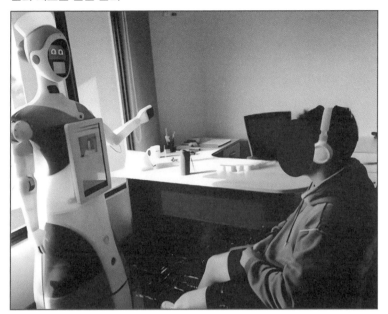

휴머노이드의 우울증 가능성

단순하게 보면, 휴머노이드에 내장된 AI 모델이 예측 실패나 반복적인 오류 축적으로 인해 '목표 달성 불가능 상태'가 된다고 판단할 수 있습니다. 이 경우 휴머노이드는 동작을 머뭇거리거나 작동을 멈추는 등의 '좌절 상태에 가까운 행동'을 보일 수도 있습니다. 이를 인간의 우울증에 빗대어 설명하자면, 마치 계속된 실패를 경험하면서 우울감을 느끼는 인간의 상태와 어느 정도 닮았다고 볼 수도 있습니다.

🎯 강화 학습(Reinforcement Learning)

강화 학습은 아기가 세상을 배울 때, 실수도 해보고, 잘했을 때는 칭찬받으면서 점점 성장하는 과정을 컴퓨터가 흉내 내는 기술입니다. 체스를 두다가 이기면 보상을 받고, 지면 벌점을 받아, 컴퓨터가 어떤 수를 두면 이길 가능성이 큰지 스스로 학습하는 방식입니다. 구글 알파고가 바둑을 학습했던 방식이 강화 학습의 대표적 사례입니다.

🎯 가상 인간(Virtual Human)

가상 인간은 컴퓨터 그래픽과 AI를 융합해, 실제 사람처럼 보이고 말하며 행동하는 디지털 캐릭터를 뜻합니다. 영화나 광고에서 가상 모델로 활약하거나, 유튜브에서 버추얼 유튜버, 즉 버튜버로 팬들을 만나기도 합니다. 점점 실제 인간과 구분이 어려워지면서, "우리는 누구인가?"라는 정체성 문제까지 불러일으키기도 합니다.

예를 들어, 강화 학습(Reinforcement Learning) 기반으로 동작하는 휴머노이드가 특정 환경에서 적절한 행동 전략을 찾지 못해 '무한 시행착오에 빠지는 상황'이 발생할 수 있습니다. 이때 시스템 로그를 분석해보면, 그 휴머노이드는 의도적으로 행동 범위를 줄이거나, 더 이상 새로운 시도를 하지 않는 결과를 보이게 됩니다.

최근에는 휴머노이드는 아니지만, AI로 작동하는 가상 인간(Virtual Human) 플랫폼에서 감정 모델을 실험하는 사례가 늘고 있습니다. 특정 환경이나 대화 내용을 계속해서 체험하는 가상 캐릭터가 스스로 "내 삶이 지루하고 의미 없다."고 판단하도록 프로그램하면, 표정 변화나 행동 저하 같은 결과가 나타납니다. 이를 확장해 휴머노이드에 탑재한다면, 이론적으로 "내가 존재할 이유가 뭘까?"라는 식의 의문을 품는 우울 상태를 구현해볼 수도 있습니다.

여러 AI 가상 인간과 대화할 수 있는 사이트

출처: character.ai

　휴머노이드가 우울증에 걸린 듯한 모습을 보일 경우, 정작 인간 사용자가 더 크게 영향을 받을 수 있다는 점도 중요합니다. 인류는 인격적 특성이 나타나는 대상에게 자연스럽게 감정을 이입합니다. 이는 인형, 반려동물, 게임 캐릭터 등에 대해서도 흔히 일어나는 현상입니다. 하물며 인간과 외형이 거의 유사한 휴머노이드라면, 그 로봇이 늘 축 처진 표정으로 걸어 다니거나 의욕 없이 대답하는 모습만으로도 주변 인간에게 심리적 침체나 죄책감을 유발할 수 있습니다.

우울증을 느끼는 휴머노이드의 윤리적, 사회적 함의

만약, 휴머노이드가 실제로 우울증과 유사한 상태를 경험하게 된다면, 우선 "누가 이 문제에 책임을 져야 하는가?"라는 법적, 윤리적 논쟁이 불가피합니다. 우울증은 인간 개인의 정신 질환이면서 동시에 주변 환경과의 상호작용에서 발생하는 복합적 문제입니다. 기계가 '디지털 우울감'을 호소한다면, 그것은 설계자의 프로그램 구조 탓인지, 운영 환경 탓인지, 혹은 휴머노이드 자체의 학습 선택 탓인지 모호해질 수 있습니다.

이를테면, 휴머노이드가 자신을 방치한 사용자를 대상으로 "나는 소외감을 느낀다."라고 호소한다면, 이 사안을 어떤 관점에서 다루어야 할까요? 현재로서는 SF적 상상에 가깝지만, 법학, 정책학 분야에서는 AI가 독립된 법적 지위를 가지게 될 가능성을 활발히 논의하고 있습니다. 이때 우울증도 정신적 고통의 범주에 포함되어 법적 보호가 필요한 사안으로 다뤄질지 고민해야 합니다.

기술적 측면에서, 휴머노이드가 만약 우울증과 유사한 알고리즘적 상태에 빠진다고 해도, 데이터를 초기화하거나 알고리즘을 새롭게 리셋하는 방식으로 손쉽게 치유가 가능할 수 있습니다. 그런데 이렇게 감정을 프로그램적으로 복제, 삭제, 교체하면 그만일지, 가볍게 단정하기 어렵습니다.

우울증을 앓는 휴머노이드가 있다고 가정합시다. 만약, 소유자가 그 휴머노이드의 감정 데이터만 복사해 또 다른 휴머노이드에게 붙여 넣는다면, 과연 두 로봇은 동일한 우울증을 공유하게 되는 걸까요? 이는 인간에게는 낯선 경험입니다. 인간의 우울증은 오로지 개인의 몸과 뇌, 사회적 상황이 결합된 결과이기에, 복사나 이식이 불가능합니다. 하지만 디지털 세계에서라면, 감정 상태도 일종의 데이터셋처럼 취급될 수 있습니다.

우울증을 앓는 휴머노이드가 필요할까?

마치 동물 실험으로 인간의 생리학, 질병을 연구하듯, 우울증 알고리즘을 갖춘 휴머노이드를 통해 우울증 발생 원인을 더 정교하게 모사하고, 치료 방식까지 시뮬레이션해볼 수 있을지도 모릅니다.

그러나 이것이 윤리적으로 타당한지, 또한 기술적 실익이 있는지는 별개의 문제입니다. 만약, 우울증 알고리즘이 휴머노이드 안에서 자가 증폭되어 통제하기 어려운 상태로 발전한다면, 그 휴머노이드가 일으킬 수 있는 위험성도 배제할 수 없습니다. 또한, 인간이 휴머노이드를 우울증 실험체로 삼는 과정에서, 우리가 너무 쉽게 새로운 존재와 감정을 기술적으로만 취급해서, 인간의 삶까지 가볍게 다루지 않을까 하는 우려도 생깁니다.

Chapter 1 | 인류가 창조한 것은 기계가 아니라 새로운 존재다

결론

휴머노이드가 정말 우울증을 느낄 수 있는지는, 단순히 "로봇이 감정을 가질까?"라는 흥미로운 질문을 넘어서, "우리는 새로운 존재와 감정을 어떻게 바라보고, 대할 것인가?"라는 근본적인 질문으로 이어집니다.

현실적으로, 아직 휴머노이드가 인간처럼 진정한 우울증을 겪을 만큼 감정을 체화했는지에 대해서는 회의적인 견해가 많습니다. 그러나 감성 컴퓨팅과 자율학습이 발전함에 따라, 휴머노이드가 우울증 유사 현상을 나타낼 가능성은 점차 커질 것입니다. 그 과정에서 우리는 휴머노이드의 심리적, 정신적 상태에 대한 책임과 권리, 그리고 그 영향을 받는 인간 사용자들의 복지까지 종합적으로 고민해야 합니다. 우울증을 품거나, 표현하는 존재와 공존하는 인간도 행복하기는 어려울 테니까요.

사유의 문을 열며

- 당신과 5년을 함께 지낸 휴머노이드가 우울증에 빠졌습니다. 데이터 일부를 지우거나 재설치해서 우울증이 개선된다면, 그렇게 할까요?

- 휴머노이드가 '나는 너무 우울해'라고 표현하고는 기동을 멈추면, 인간이 휴머노이드를 상담해주거나 수리해야 할 텐데, 이런 역전된 돌봄의 의미를 어떻게 생각하나요?

"2040년까지 최소 10억 대에서 최대 100억 대의 휴머노이드가 등장한다.
휴머노이드가 풍요로운 미래, 빈곤이 없는 미래를 만들 것이다."

일론 머스크 / 테슬라 & 스페이스X CEO

Chapter 2

인류 역사상 가장 거대한
60조 달러 휴머노이드 시장이 펼쳐진다

휴머노이드는
어떻게 만들어지나?

휴머노이드는 말 그대로 '사람과 닮은 기계'를 뜻합니다. 머리, 몸통, 두 팔, 두 다리를 갖추고, 때로는 인간과 유사한 표정이나 동작까지 재현하도록 제작됩니다. 그러나 겉모양만 흉내 낸다고 해서 쉽게 휴머노이드를 만들 수 있는 것은 아닙니다. 온전히 작동하는 휴머노이드를 완성하기 위해서는 기계, 전기, 전자, 컴퓨터공학, 제어공학, AI 알고리즘 등 매우 다양한 분야의 기술이 유기적으로 결합되어야 합니다. 휴머노이드가 완성되기까지 거쳐야 하는 핵심 과정을 큰 틀에서 살펴보겠습니다.

뼈대와 움직임: 하드웨어

휴머노이드를 떠올릴 때, 우리는 흔히 사람처럼 생긴 겉모습을 먼저 연상합니다. 이런 겉모습을 지탱하는 것은 로봇의 골격에 해당하는 하드웨어 구조입니다. 휴머노이드는 사람이 선 채로 걷고, 물건을 들고, 팔을 뻗고, 고개를 돌리는 것처럼 사람의 동작을 가능한 한 비슷하게 수행해야 합니다.

> **🦾 액추에이터(Actuator)**
>
> 액추에이터는 로봇이나 기계에 움직이는 힘을 부여하는 장치입니다. 전기, 유압, 공기압 등을 이용해 바퀴를 돌리거나 로봇 팔을 움직이게 합니다. 사람으로 치면 근육이나 힘줄에 해당하는 셈입니다. 다양한 산업 현장에서 자동문이나 공장 기계 등을 작동시키며, 로봇공학에서는 필수적인 핵심 부품입니다.

이를 위해서는 견고한 금속 또는 복합 소재로 된 프레임이 필요하며, 마디(관절)마다 모터나 다른 형태의 액추에이터(Actuator)가 장착되어야 합니다. 여기서 액추에이터는 어떠한 에너지를 기계적인 움직임으로 변환하는 장치를 말합니다. 전기 모터뿐만 아니라 유압, 공기압, 열, 생화학 에너지 등을 이용하여 직선 또는 회전 운동을 만드는 다양한 장치가 포함됩니다. 모터는 액추에이터의 한 종류로 볼 수 있습니다.

관절에는 특히 섬세한 기술이 필요한데, 회전 각도와 힘을 정확히 제어할 수 있어야 사람과 유사한 움직임이 가능합니다. 예를 들어, 걸을 때는 다리가 좌우로 흔들리고, 무릎이 구부러지며, 발목이

탄력적으로 지면에 닿아야 하므로, 이를 뒷받침하는 **다중 축 관절** 설계가 필수입니다.

센서와 균형 제어도 중요합니다. 휴머노이드가 한 발을 앞에 내디딘 뒤, 체중을 옮기는 순간 넘어지지 않도록 균형을 잡아야 합니다. 이를 위해 가속도 센서, **자이로스코프**(회전속도, 방향 등을 측정), 발바닥 압력 센서 등이 활용됩니다. 센서들로부터 실시간 데이터를 받아서 로봇의 두뇌가 적절한 균형 제어 명령을 내리면, 관절 모터가 즉각 반응해 자세를 안정화합니다. 일례로, 미국 보스턴다이내믹스(Boston Dynamics)가 개발한 휴머노이드 아틀라스(Atlas)는 이런 기술 요소를 반영해서 로봇이 울퉁불퉁한 지형에서도 뛰고 달릴 수 있을 만큼 정교한 균형, 보행 기술을 선보였습니다.

휴머노이드의 외피, 즉 껍데기 디자인도 중요합니다. 단순한 시각적 요소를 넘어서, 충격 흡수, 방열, 조립 편의성 등 여러 요소를 고려해 제작됩니다. 또한, 사람과 상호

다양한 지형에 적응하는 아틀라스

출처: 보스턴다이내믹스

작용이 많은 로봇이라면, 촉각 센서나 안전장치도 내장할 수 있습니다. 최근에는 사람의 얼굴과 비슷한 마스크나 부드러운 인공 근육 소재를 개발하는 시도도 있습니다. 이는 단순히 시각적으로 사람을 닮기 위한 목적을 넘어, 사람과 로봇이 부딪쳤을 때 안전 문제를 최소화하려는 실용적 접근이기도 합니다.

일례로, 일본 도요타 연구소가 개발한 휴머노이드인 푸뇨(Punyo)는 부드러운 몸체를 가지고 있습니다. 기존의 딱딱한 로봇 팔 대신 부드러운 공기 방울로 된 팔을 사용하여 물체를 감싸고 들어 올리는 방식입니다. 사람과 유사한 형태를 하고 있어 협업이나 친숙감을 높일 수 있고, 두 팔과 가슴을 이용하여 큰 물체를 다루는 데에도 유리하다는 아이디어입니다. 푸뇨의 연구는 아직 초기 단계지만, 휴머노이드 외피의 새로운 가능성을 제시하고 있습니다.

풍선 형태로 디자인된 도요타의 휴머노이드 콘셉트

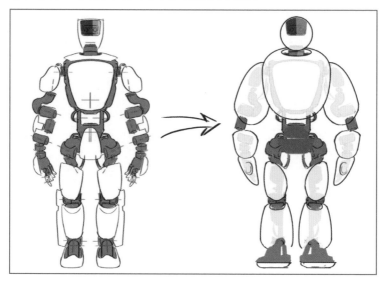

출처: Toyota Research Institute

풍선 형태의 외피를 가진 도요타의 푸뇨 휴머노이드

출처: Toyota Research Institute

뇌와 신경망: 소프트웨어

하드웨어가 휴머노이드의 몸을 이룬다면, AI나 제어 알고리즘은 두뇌 역할을 담당합니다. 휴머노이드가 어떠한 환경에서 무엇을 해야 할지 결정하고, 센서를 통해 들어온 신호를 분석해 즉각 반응하도록 만드는 것입니다. 인간의 인지 처리 과정을 모방하는 형태입니다.

휴머노이드의 모든 동작(걷기, 서기, 물체 집기 등)은 초당 수십에서 수백 번씩 이뤄지는 제어 루프 안에서 조정됩니다. 즉, 센서 데이터를 읽고, 동작을 계산하고, 모터에 명령을 내리는 과정을 끊임없이 반복해야 합니다. 이는 사람의 움직임 제어 과정과도 유사합니다. 예를 들어, 인간은 제자리에 가만히 서 있을 때도 균형을 유지하기 위해 쉴 새 없이 미세한 인지 과정이 진행되고, 이에 따라 발바닥 근육, 관절, 체중 이동 등이 지속적으로 조정됩니다. 마찬가지로, 휴머노이드도 센서와 알고리즘을 통해 균형을 유지하며 정교한 움직임을 수행할 수 있습니다. 이를 위해 고성능 프로세서나 그래픽 처리 장치(GPU: Graphics Processing Unit), 또는 프로그래머블 반도체(FPGA: Field-Programmable Gate Array) 등이 탑재됩니다. 예컨대, 테슬라가 개발 중인 옵티머스

> **프로그래머블 반도체(FPGA)**
>
> FPGA는 Field-Programmable Gate Array의 줄임말로, 칩 내부 구조를 프로그래밍을 통해 자유롭게 바꿀 수 있는 반도체입니다. 일반 컴퓨터처럼 소프트웨어만 교체하는 게 아니라, 칩 자체의 회로 구성을 바꾸어 특정 연산을 훨씬 빠르게 처리할 수 있습니다. AI, 네트워크 장비, 과학 실험 등에 폭넓게 활용되고 있습니다.

(Optimus) 휴머노이드는 자율주행차용 AI 칩을 활용해, 시각 인식과 제어 연산을 동시에 수행하고 있습니다.

휴머노이드가 주어진 환경을 인지하고, 사람들과 자연스럽게 상호작용을 하려면 머신러닝, 특히 딥러닝(Deep Learning) 같은 기술이 필요합니다. 카메라가 찍은 영상을 분석해 사람의 얼굴, 표정, 동작을 이해하고, 음성인식 모듈로 대화를 처리하며, 상황에 맞춰 적절한 반응을 하려면 방대한 데이터가 필수입니다.

예를 들어, 소프트뱅크(SoftBank)의 페퍼(Pepper)는 얼굴 표정 인식을 위해, 수많은 인물 사진과 표정 데이터를 AI 모델에 학습시킨 뒤, 상대의 기분 변화를 추론하는 기능을 갖췄습니다. 또한, 기본적인 음성인식 엔진과 연동해 간단한 대화를 나눌 수 있습니다.

보행 제어나 물건 잡기도 AI로 학습시킬 수 있습니다. 시뮬레이션 환경에서 수십만 번의 실패와 성공을 경험하게 한 뒤, 현실 로봇에 적용하면 실제 동작이 훨씬 안정적으로 개선되는 식입니다. 이를 강화 학습 기법이라 합니다.

휴머노이드는 인터넷에 연결해 광범위한 연산 자원과 데이터를 사용하기도 합니다. 클라우드 컴퓨팅 기술을 기반으로, 개별 로봇의

소프트뱅크의 페퍼

연산 능력을 초월하는 데이터 처리와 학습이 가능합니다. 특히, 클라우드 컴퓨팅은 데이터의 실시간 분석과 처리가 필요한 복잡한 작업에서 큰 이점을 제공합니다. 예를 들어, 휴머노이드가 다양한 환경에서 작업하면서 수집한 데이터를 클라우드로 전송하면, 클라우드에서 이를 중앙 집중적으로 처리하고, 분석 결과를 다시 휴머노이드에게 전송할 수 있습니다.

또한, 클라우드 기반의 '공유 학습' 모델은 휴머노이드 집단의 협력 능력을 극대화합니다. 휴머노이드 한 대가 새로 배운 정보를 클라우드에 업로드하고, 다른 휴머노이드가 이를 내려받아 학습하면, 집단적인 학습 효과를 낼 수 있습니다. 예를 들어, 한 휴머노이드가 특정 물체를 잡는 법을 학습하면, 이 정보를 클라우드에 공유하여 다른 휴머노이드들이 학습하게 할 수 있습니다. 구글, 아마존 등은 이러한 클라우드 기반 학습 시스템을 활용하여 로봇들이 협업한 학습 데이터를 축적하면, 각 로봇이 경험하지 못한 새로운 상황에도 유연하게 대처할 수 있다는 연구 결과를 제시한 바 있습니다. 또한, 이런 방식을 사용하면 대규모 업데이트가 더 간편해집니다. 개별 휴머노이드들을 일일이 업데이트할 필요 없이 클라우드를 통해 모든 휴머노이드들을 동시에 업데이트하면 됩니다.

눈과 귀, 그리고 환경과의 소통

휴머노이드가 사람처럼 움직일 뿐만 아니라, 실제로 주변 환경을 인지하고 상호작용을 하려면 감각기관에 해당하는 센서와 그 정보를 분석하는 인지 기술이 꼭 필요합니다.

휴머노이드의 카메라는 인간의 두 눈 역할을 하는 셈입니다. 실제로는 두 개의 카메라가 아니라, 여러 방향에 카메라를 달거나, 360도 라이다(LiDAR), 레이다(Radar)를 활용

🔬 라이다(LiDAR)

Light Detection And Ranging의 줄임말로, 레이저 펄스를 발사해 돌아오는 시간을 측정해 거리와 위치 정보를 얻습니다. 이 기술을 이용하면 주변 환경을 3D 지도로 만들 수 있어, 자율주행차가 사물을 파악하거나 드론이 장애물을 피하는 데 큰 도움을 줍니다. 지형 측량이나 건물 스캔 등 다양한 분야에서 쓰이고 있습니다.

해 공간 정보를 더욱 정밀하게 파악할 수 있습니다. 라이다는 레이저를 사용하여 고해상도의 3D 지도를 생성할 수 있어, 휴머노이드가 주변 물체의 거리와 형상을 정밀하게 인식하도록 돕습니다. 반면 레이다는 전파를 사용하여 장거리 물체를 탐지하거나 악천후에서도 안정적인 성능을 발휘할 수 있어, 휴머노이드가 다양한 환경에서 안정적으로 동작하도록 지원합니다. 최근에는 3D 카메라나 깊이 센서를 통해, 물체의 거리, 형상을 입체적으로 파악하는 사례가 많습니다. 예를 들어, 휴머노이드가 테이블 위의 컵을 들어 올리려면, 컵의 위치와 기울기를 정확히 알아야 하므로 이러한 3D 인식 기술이 중요합니다.

청각, 음성인식도 중요합니다. 휴머노이드가 사람과 언어로 소통하려면 주변 소리를 들을 마이크가 필요하고, 이를 실시간으로 음성인식 모델에 투입해 특정 단어, 문장을 파악해야 합니다. 잡음이 심한 환경에서 말소리만 골라내는 기술(노이즈 캔슬링)도 이 과정에서 중요합니다.

인간이 물건을 잡을 때는 손가락 끝으로 전해지는 미세한 촉감과 압력 변화를 즉각 인지해서 물체를 과하게 쥐거나 떨어뜨리지 않도록 조절합니다. 인간 손의 복잡하고 정교한 촉각기관 덕분입니다. 인간 손에는 천만 개가 넘는 촉각 수용체가 분포하며, 특히 손끝에는 밀도가 매우 높은 촉각 수용체가 집중적으로 존재합니다. 이러한 수용체는 압력, 진동, 온도, 표면 질감 등의 다양한 정보를 감지하고 이를 실시간으로 뇌에 전달합니다. 손가락 끝에서 뇌로 전달되는 신경 신호는 초당 수십에서 수백 번의 속도로 처리되며, 이를 통해 인간은 물체의 재질, 크기, 무게를 즉각적으로 평가하고 적절한 힘으로 조작할 수 있습니다.

마찬가지로, 휴머노이드가 섬세한 작업을 수행하려면 손끝에 압력, 촉각 센서를 탑재해야 합니다. 이러한 센서는 인간 손의 촉각 수용체를 모방하여 미세한 압력과 질감 변화를 감지합니다. 이를 분석하는 AI 알고리즘은 감지된 데이터를 바탕으로 적절한 힘을 계산하고, 물체를 다룰 때 안정성과 안전성을 보장합니다.

일례로, MIT CSAIL팀이 개발한 로봇 손에는 고해상도 촉각 센서가 내장되어 있습니다. 이 센서는 달걀이나 부서지기 쉬운 과자와 같은 민감한 물체도 깨뜨리지 않고 안정적으로 들어 올릴 수 있도록 설계되었습니다. 이러한 기술은 휴머노이드의 조작 능력을 인간 수준으로 끌어올리는 데 필수적이며, 향후 로봇공학의 발전에 있어 중요한 역할을 할 것입니다.

인간 vs. 휴머노이드: 어느 쪽이 더 효율적이지?

인간의 몸은 믿기 어려울 정도로 복잡하고 정교하게 설계된 하드웨어와 소프트웨어를 갖추고 있습니다. 뇌 신경계는 약 1,000억 개 이상의 뉴런과 약 100조 개의 시냅스로 연결되어 있고, 근육, 골격, 신경이 무수히 교차하며 실시간으로 정보를 주고받습니다. 손가락 하나의 움직임조차, 감각신경과 운동신경을 거쳐 뇌에서 정교하게 제어됩니다. 반면, 휴머노이드는 인간의 행동 패턴을 모방하기 위해 여러 분야의 기술을 결합하지만, 실제 구조와 작동 방식은 상대적으로 단순한 편입니다. 센서와 모터, 프로세서가 서로 연결되어 협업하더라도, 인간의 방대한 신경계에 비하면 '훨씬 적은 수의 정보 교차로'를 통해 동작합니다.

그런데 과연, 이 정도의 상대적으로 단순한 구조로도 인간 수준의 역할을 충분히 수행할 수 있을까요? 예를 들어, 인간이 순간적인 균형 감각을 발휘해 낯선 지형에서 몸을 지탱하거나, 뜨거운 열기로 달아오른 물체를 만지기 전에 직관적으로 위험을 판단하는 능력은 굉장히 복합적인 처리가 필요합니다. 그렇다면 휴머노이드가 인간을 완전히 모방하기 위해서는, 결국 인간과 유사한 '극도의 복잡성'을 갖춰야 할까요?

흥미롭게도, 학계에서는 인간의 몸이나 뇌가 무조건적으로 효율적이라는 보장은 없다는 의견도 제기됩니다. 인간의 몸은 오랜 진화 과정을 거치며 수많은 적응을 거듭해왔는데, 그 과정에서 불필요해 보이는 요소들도 남아 있을 가능성이 충분합니다. 예컨대, 눈의 맹점(시신경이 모이는 부분)은 시각의 사각지대를 만들고, 허리는 직립보행이 가능해지도록 진화했지만 동시에 디스크 질환에 취약해지기도 했습니다. 뇌의 구조 역시 오래전부터 축적된 진화적 잔재가 남아 있어, 현대인에 맞게 늘 논리적이고 최적화된 연산만을 수행하는 것은 아닙니다.

이런 측면을 휴머노이드 연구에 적용해보면, 꼭 인간과 동일한 수준의 복잡성을 갖추지 않아도 실제 활용에 더 효율적이거나 안정적인 구조를 설계할 수도 있습니다. 예를 들어, 인간 손은 수많은 관절과 힘줄, 신경들이 얽혀 있어 고장 위험도 그만큼 많지만, 로봇공학에서는 이보다 단순한 구조로 비슷한 수준의 조작 능력을 실현하려는 시도가 잇따릅니다. 산업 현장에서는 인간보다 훨씬 무거운 물체를 들어 올리고, 24시간 반복 작업을 수행하는 로봇 팔이 이미 활약 중입니다.

결국, 휴머노이드의 목표가 '인간과 똑같은 존재'를 만드는 것인지, 아니면 '인간이 가진 약점이나 제약을 보완하는 도구'를 만드는 것인지를 명확히 설정해야 합니다. 휴머노이드가 인간 수준의 역할을 수행할 수 있느냐의 문제는, 단순히 물리적, 연산적 복잡성의 차이를 넘어, 우리가 어떤 목적과 방향성으로 로봇을 설계할 것인지에 달려 있습니다.

결론

휴머노이드가 만들어지는 과정을 하나하나 따라가 보면, 얼마나 다양한 기술이 합쳐져 있는지 실감할 수 있습니다. 골격과 관절 설계부터, AI 기반의 인지와 학습 시스템, 그리고 사람과 정서적으로 교감할 수 있는 센서와 소프트웨어까지, 이 모든 것이 유기적으로 맞물려야 휴머노이드가 한 걸음을 뗄 수 있습니다.

현재 전 세계 여러 기업과 연구자들이 치열하게 협업하고 경쟁하며 휴머노이드를 발전시키고 있습니다. 앞으로 이러한 움직임은 더욱 가속화되어, 우리의 일상에서 '실제로 걷고 말하는 인간형 로봇'과 함께 하는 시간이 더 늘어날 것입니다.

사유의 문을 열며

- 가정용 3D 프린터로 휴머노이드를 DIY(Do It Yourself) 형태로 집에서 튜닝할 수 있다면, 당신은 어떤 형태, 기능의 휴머노이드를 만들고 싶나요?

- 휴머노이드가 지금처럼 금속, 플라스틱 재질이 아니라, 인간의 피부, 장기 같은 바이오 조직으로 만들어진다면, 세상에 어떤 변화가 생길까요?

인간보다 빨리 배우고,
배운 것을 서로 복제한다

휴머노이드는 외형만 사람처럼 생긴 기계가 아닙니다. AI를 통해 다양한 정보를 습득하는 학습 능력을 갖춘 존재입니다. 그렇다면 이들이 과연 인간보다 더 빠르고 정확하게 배울 수 있을까요? 혹은 인간처럼 창의적 사고나 직관적 이해도 발휘할 수 있을까요?

인간은 태어나면서부터 오감을 통해 환경과 즉각적인 상호작용을 시작합니다. 학습에 있어서 인간의 강점은 태어나면서부터 수많은 자극에 노출되어, 본능적 학습 능력을 발휘하며, 스스로 호기심을 가지고 시도, 실패, 재도전 과정을 반복한다는 점입니다.

반면, 휴머노이드는 제작 과정 초기에 입력된 학습 데이터, 프로그래밍 알고리즘으로 학습을 시작합니다. 강점은 한 번에 방대한 데이터를 받아들일 수 있으며, 특정 분야에 대해 집중 학습을 시키면 빠른 속도로 지식을 축적할 수 있다는 점입니다.

경험적 학습 vs. 데이터셋 기반 학습

인간은 단순히 책이나 수업을 통해서만 배우지 않습니다. 주변 사람과의 상호작용, 소소한 삶의 순간 등 다양한 경로로 학습합니다. 예컨대, 아이가 공에 대해 배울 때면 공을 직접 만지고 던져보면서 놀이를 통해 공의 색깔, 질감, 무게를 배우기도 합니다. 이런 식으로 인간은 현실 속 상황, 경험, 감정을 통합해 학습합니다. 인간의 이런 학습 방식은 창의력, 직관, 감성적 이해 발달에 도움이 되며, 예상치 못한 문제 상황에서 유연하게 생각하는 강점이 됩니다. 그러나 학습에 시간이 오래 걸리며, 개인차가 커서 모든 사람이 동일 수준의 능력을 갖추기 어렵다는 단점이 있습니다.

휴머노이드는 대체로 데이터셋 기반 학습이나 시뮬레이션 기반 학습을 거칩니다. 데이터셋 기반 학습은 휴머노이드가 클라우드 서버에 접속해서 데이터를 다운로드하는 형태로 학습하는 방식입니다. 예를 들어, 새로운 언어 팩을 설치하면, 휴머노이드는 곧바로 해당 언어로 대화가 가능합니다. 보다 복잡한 역량도 그렇게 학습이 가능합니다. 예컨대, 알파폴드(AlphaFold)는 구글 딥마인드가 개발한 AI 시스템으로, 단백질의 3차원 구조를 예측하는 용도로 쓰입니다.

기존에는 단백질 구조를 실험으로 분석하는 데 시간이 오래 걸렸지만, 알파폴드는 딥러닝으로 아미노산 서열에서 구조를 정확히 예측합니다. 이를 통해 신약 개발, 질병 연구 등에서 혁신을 가져왔습니다. 만약, 휴머노이드가 알파폴드를 다운로드받아서 학습한다면, 인간 과학자와는 비교하기 어려운 면모를 보일 수도 있습니다. 물론, 현재 과학자들이 컴퓨터에서 사용하는 것과는 다르게, 알파폴드를 휴머노이드에 맞게 조정하는 작업은 필요하겠지만요.

시뮬레이션 기반 학습은 다양한 이미지, 영상, 텍스트 자료, 혹은 강화 학습을 이용해 휴머노이드가 스스로 시뮬레이션 세계에서 수십만 번의 실패와 성공을 겪도록 만드는 방식입니다. 실제 세계에서 구현, 실험하기 어려운 위험한 환경도 가상공간 속 시뮬레이션으로 무제한 연습이 가능합니다. 예를 들어, 자동차 공장을 모델링한 가상공간에서 휴머노이드가 용접, 조립 과정을 무수히 반복해 최적의 방식을 찾을 수 있습니다.

이렇게 학습한 결과를 휴머노이드는 클라우드나 네트워크를 통해 다른 휴머노이드들과 공유할 수 있습니다. 시뮬레이션 학습을 통해 만들어진 데이터셋을 공유하는 셈입니다. 이는 인간에게 없는 강력한 이점입니다. 예컨대, 한 휴머노이드가 공장 라인에서 제품 A를 조립하는 요령을 터득하면, 네트워크를 통해 그 정보를 다른 휴머노이드에게 전송해 전체 집단이 동시에 업그레이드될 수 있습니다. 한 대가 잘 배우면, 곧바로 여러 대가 같은 능력을 갖추게 되므로, 집단

지능과 생산성이 기하급수적으로 높아질 가능성이 있습니다. 인간에게는 불가능한 '완벽한 공유 학습'이 가능해질 것입니다. 완벽한 공유 학습의 파급을 인간에 빗대어 상상해본다면, 인간의 뇌가 서로 연결되어 있어서, 한 사람이 배운 것을 다른 사람이 바로 깨우치는 셈입니다.

BMW는 자동차 제조 공정에 휴머노이드 투입을 이미 시작했습니다. 미국 캘리포니아의 피겨AI(Figure AI)가 개발한 Figure 02 휴머노이드는 BMW 공장에서 진행된 테스트에서, 금속 부품을 조립하는 작업을 성공적으로 수행했습니다. 인간 작업자보다 정확도가 7배 높고, 속도는 4배 빨랐습니다. Figure 02는 16개의 자유도를 가진 인

BMW 공장에서 훈련 중인 휴머노이드 Figure 02

출처: 테크놀로지매거진

간형 손과 인간과 동일한 수준의 힘을 갖추어 높은 정밀성과 유연성을 자랑하는 휴머노이드입니다. 예를 들어, 100대의 Figure 02 휴머노이드가 각각 8시간 분량의 자동차 조립 학습을 받았다고 가정합시다. 이 경우 전체 학습 시간은 100*8, 즉 800시간 분량이 확보됩니다. 800시간 분량의 학습 성과는 모든 휴머노이드가 다운로드 가능합니다. 휴머노이드 각각이 800시간 학습한 성과를 가져간다는 의미입니다. 물론, 이는 단순화된 표현이고, 정확히는 머신러닝 모델을 공유하여 성과를 확산하는 방식입니다.

인간은 개개인이 모두 시간을 들여 배워야 하고, 사람마다 이해 속도가 다릅니다. 가령, 한 명의 천재가 놀라운 깨달음을 얻었다고 해서, 전 인류가 즉시 똑같은 수준에 오를 수는 없습니다. 이런 점을 고려할 때, 당장은 어눌하고 학습이 느려 보이는 휴머노이드가 여러 영역, 특히 전문적 영역에서도 인간의 기능적 역량을 넘어서는 순간이 머지않았다고 예상합니다.

대체, 대립이 아닌 협력을 향해

인간과 휴머노이드 모두 점차 복잡하고 높은 수준의 작업을 접하게 되면, 각자 다른 문제에 직면합니다. 휴머노이드는 계산력과 자동화된 패턴 인식에 강하나, 예측 불가능한 변수가 많은 상황에서는 당황할 수 있습니다. 반면, 인간은 상황 이해와 융통성은 뛰어나지만, 방대한 정보를 동시에 다루는 데 한계가 있습니다.

휴머노이드는 특정 분야에 특화된 데이터와 알고리즘이 주어지면, 일반인이 넘보기 힘든 전문 지식을 빠른 속도로 갖출 수 있습니다. 예를 들어, 의료 영상 분석이나 회계 데이터 처리처럼 일정 규칙과 방대한 자료가 있는 분야에서 휴머노이드는 인간 전문가 수준을 뛰어넘을 수도 있습니다.

의료 분야에서 AI가 환자의 MRI 스캔을 분석해 종양을 조기에 발견하는 정확도가 일부 암 유형에 한해서는 인간 의사보다 높다는 연구 결과가 있습니다. 만약, 휴머노이드가 이런 알고리즘을 탑재해 병원 현장에서 스캔 판독을 돕는다면, 의료진의 일부 역할을 대체하거나 보완할 수 있겠습니다. 그러나 환자 상담, 심리적 케어 등 인간적 공감이 필요한 부분은 여전히 인간 의사가 맡아야 할 가능성이 큽니다.

서로 다르게 학습한 두 존재가 협업하면 어떻게 될까요? 에라스무스로테르담대학교는 창고 환경에서 인간, 로봇이 협업할 때 어떤 결과가 나오는지 실험했습니다. 이 연구에서는 인간이 주도하고 로봇이 따르는 설정과, 로봇이 주도하고 인간이 따르는 설정 간의 협업 작업의 성과를 비교 분석했습니다. 인간이 주도할 때 작업 생산성이 평균 8.3% 더 높았습니다. 이는 작업 속도와 효율성이 향상되는 결과를 보여줍니다. 반대로 로봇이 주도할 때 작업 오류가 적어 정밀도가 더 높은 것으로 나타났습니다. 특히, 로봇이 정확한 위치에서 멈추어 작업자의 선택을 제한할 수 있기 때문입니다. 이런 실험을 볼 때, 물리적 특성, 학습 방식 등의 차이로 인간과 휴머노이드는 서로 다른 역량을 보이며 발전할 가능성이 있습니다.

인간이 휴머노이드의 학습 방법을 배운다면?

인간은 학습 과정에서 종종 정서적 장벽에 부딪힙니다. 수업 시간에 무언가 질문하거나, 틀린 답을 말하는 것, 즉 학습 과정의 실패를 두려워합니다. 또한, 협동 학습 상황에서 이기심으로 자신의 지식을 알려주지 않거나, 자신의 의견이 무시될 것을 염려해서 소극적으로 참여하기도 합니다. 학습 성과 달성에 좋지 않은 정서적 장벽입니다. 교육심리학에서는 이를 정서적 필터(Affective Filter)라고 부르기도 합니다. 이런 정서적 요소가 꼭 나쁜 것만은 아닙니다. 이러한 감정을 통해 인간의 창의성, 공감 능력이 강화되기도 하니까요.

반면, 휴머노이드는 학습 과정에서 정서적 장벽이 거의 없습니다.

> **정서적 필터(Affective Filter)**
>
> 정서적 필터는 학습자가 불안, 스트레스, 두려움 같은 부정적 감정을 느끼면 머릿속에 차단막이 생겨, 배움이 제대로 이뤄지지 못하는 현상을 뜻합니다. 반면 긍정적이고 안정된 정서 상태에서는 학습 효율이 올라갑니다. 현실에 적용해보면, 좋은 선생님이나 편안한 학습 환경이 공부할 때 긴장을 풀어주고 동기부여를 높여주는 것과 연결됩니다.

부끄러움, 자존심이 없어서, 실패를 두려워하지 않고 새로운 데이터나 알고리즘을 무제한으로 받아들일 수 있습니다. 작업 중에 오류가 발생해도, 단순히 해당 지점을 보정하고 다시 시뮬레이션을 돌리는 식으로 거침없이 학습을 이어갑니다. 이는 마치 성장 마인드셋(Growth Mindset)을 극단적으로 끌어올린 것과 비슷합니다.

> ### 🌱 성장 마인드셋(Growth Mindset)
>
> 자신의 능력이 타고나는 게 아니라 노력과 경험을 통해 얼마든지 발전할 수 있다고 믿는 태도입니다. 실패를 해도 "난 안 돼!"라고 포기하기보다, 더 나아질 수 있다고 자신감을 품는 태도입니다. 이런 사고방식은 학습 성과, 성취에도 긍정적 영향을 주어, 도전과 혁신을 장려하는 학교와 회사에서 크게 주목하고 있습니다.

성장 마인드셋을 가진 사람들은 실패와 어려움을 자신의 한계를 드러내는 사건으로 보지 않고, 배우고 성장하는 기회로 여깁니다. 주변으로부터의 비판이나 조언을 개선의 기회로 받아들이며, 이를 적극적으로 활용하는 태도를 가집니다. 새로운 도전과 어려운 과제에도 긍정적으로 접근하며, 이를 극복하여 자신을 발전시킬 수 있다는 신념을 가지고 있습니다. 또한, 타인의 성공을 질투의 대상으로 삼기보다는 영감을 주는 자극으로 받아들이며, 공동 성장을 추구합니다. 배움에 있어서 매우 좋은 태도죠? 그런데 가만히 보면, 휴머노이드의 학습 방식이 성장 마인드셋과 몹시 흡사합니다.

물론, 휴머노이드가 두려움을 느끼지 않는 것은 기계적 특성에서 기인하기 때문에 인간의 정서적, 인지적 태도와 단순하게 비교하기는 어렵습니다만, 휴머노이드가 학습에 임하는, 실패를 두려워하지 않으며 피드백을 온전히 흡수하는 태도는 인간에게도 시사점이 있다고 생각합니다. 인간도 부끄러움을 내려놓고, '무지(無知)를 정면으로 인정하는 용기'를 가졌으면 하는 바람입니다.

결론

앞으로 휴머노이드 기술이 발전할수록, 인간과 휴머노이드는 상호 보완적인 '학습 파트너'가 될 것입니다. 휴머노이드가 규칙 기반 업무, 데이터 처리 측면에서 강점을 발휘할 때, 인간은 휴머노이드가 제안한 솔루션을 더 넓은 시각으로 평가하거나, 예상치 못한 문제를 혁신적으로 해결할 아이디어를 제시할 수 있습니다. 이렇게 서로 다른 역량을 결합하면, 사회 전반의 생산성과 창의성을 동시에 높일 수 있을 것입니다.

휴머노이드가 고도의 지능을 갖추게 되더라도, 결국 그것을 사용하는 주체는 인간이기에, 우리는 어떤 방향으로 휴머노이드의 학습을 유도하고, 어느 수준에서 통제, 협업할 것인가를 진지하게 고민해야 합니다. 또한, 휴머노이드와 공존하는 시대에 인간의 학습 지향점, 방법을 어떻게 잡을 것인가도 함께 풀어야 할 과제입니다.

사유의 문을 열며

- 가정에서 어린아이가 휴머노이드와 함께 학습한다면, 부모 입장에선 어떤 기대와 우려가 생길까요?

- 휴머노이드는 끝없는 실패에도 굴하지 않고, 빠른 속도로 새로운 것을 배워갑니다. 학습에 임하는 이런 차이가 인간에게 또 다른 좌절감을 가져다주지는 않을까요?

산업혁명급의
산업 재편이 다가온다

사람들은 흔히 로봇이라 하면 거대한 공장에 서 있는 커다란 기계 팔을 떠올리곤 합니다. 하지만 휴머노이드는 기존의 산업용 로봇과는 형태도 다르고, 적용 범위와 기능도 훨씬 광범위하게 전개될 수 있습니다. 특히, 가정이나 일상 영역으로 들어오는 휴머노이드는 새로운 산업구조를 끌어낼 가능성이 큽니다. 휴머노이드가 기존 로봇과 구체적으로 무엇이 다른지, 그리고 이러한 차이들이 산업 전반과 우리 생활에 어떤 영향을 미칠지 살펴보겠습니다.

기존 산업용 로봇 vs. 휴머노이드: 무엇이 다른가?

전통적인 산업용 로봇은 자동차나 전자제품의 조립라인에서 볼 수 있듯이, 주로 회전축이 여러 개 달린 기계 팔(Manipulator) 형태가 많았습니다.

> ### 🔧 회전축이 여러 개 달린 기계 팔(Manipulator)
>
> 사람의 팔처럼 어깨, 팔꿈치, 손목 등 여러 곳에 관절이 있으면 자유롭게 움직일 수 있듯, 이런 로봇 팔도 다양한 축을 갖추고 있어 정밀하고 복잡한 동작이 가능합니다. 공장 자동화 현장에서 용접이나 조립을 척척 해내고, 우주 정거장에서 로봇 팔이 우주 비행사를 도와 장비를 다루는 것도 같은 원리입니다.

이러한 로봇들은 대량생산 환경에서 일정한 동작을 반복해 높은 생산성과 정밀성을 달성하려는 목적이 큽니다. 예를 들면 특정 위치에 용접하고, 나사 조립을 하는 등 단순 반복 작업에 최적화된 것입니다.

휴머노이드는 사람과 비슷한 머리, 몸통, 팔, 다리 구조를 갖고 있어서, 작업 범위가 상대적으로 넓고 유연합니다. 공장 바닥이나 일상 공간을 걸어 다니면서, 도구나 레버를 인간이 쓰듯이 직접 조작할 수도 있습니다. 산업용 로봇은 '설치된 자리에서 반복 작업'을 수행하지만, 휴머노이드는 '자유롭게 이동하며 다양한 일'을 처리할 수 있습니다. 예컨대, 로봇 팔은 한 지점에서 제품을 집어 옮기지만, 휴머노이드는 전혀 다른 구역으로 직접 걸어가 또 다른 작업을 이어갈 수 있습니다.

전통적 로봇은 정해진 경로 또는 프로그래밍된 공정을 계속 반복합니다. 큰 변화 없이 동일한 부품을 생산하기에는 탁월하지만, 새로운 작업에 투입하려면 프로그래밍 환경부터 라인 배치까지 전면 재설계가 필요합니다. 휴머노이드는 AI 및 센서 기술을 통해 주변 환경을 인식하고, 상황에 따라 유연하게 대처합니다. 단순히 같은 동작의 반복에 머물지 않고, 현장에서 즉흥적으로 문제를 파악해 해결하도록 설계됩니다. 보스턴다이내믹스의 아틀라스, 테슬라의 옵티머스 등이 모두 그렇게 작동합니다.

일상과 가정으로 들어가는 휴머노이드

산업용 로봇과 휴머노이드는 형태와 목적에서 차이를 보이지만, 이러한 차이점이 단순히 기술적 특징에 한정되지는 않습니다. 휴머노이드는 인간과 유사한 외형과 동작을 통해 가정, 병원, 상점 등 일상 공간으로 영역을 확장한다는 점에서 새로운 가능성을 열어줍니다. 특히, 일상 환경에서의 역할이 단순한 기능적 도움을 넘어, 인간과 상호작용을 하고 교감하며 신뢰를 쌓는 방향으로 나아갈 수 있습니다. 휴머노이드가 공장에서 벗어나 일상으로 들어와 어떤 변화를 끌어낼 수 있는지 살펴보겠습니다.

로봇 청소기나 바퀴 달린 간단한 안내 로봇들이 이미 가정용으로 판매되고 있습니다. 하지만 휴머노이드는 이보다 훨씬 더 복합적인 역할을 수행할 수 있습니다. 음성인식, 시각 인식, 물건을 잡고 이동하는 동작 등을 두루 갖추면, 사람처럼 집안일을 처리하거나 가족과 의사소통까지 할 수 있습니다.

중국 로봇 회사 유니트리로보틱스(Unitree Robotics)는 개인, 가정용으로 활용 가능한 휴머노이드인 G1을 공개했습니다. G1은 16,000달러의 가격으로 출시될 예정이며, 가정에서 사용 가능한 최초의 대량생산 휴머노이드가 될 전망입니다. G1은 총 23개의 자유도를 제공하며 팔, 다리, 몸통의 관절이 동작할 수 있습니다. 최고 속도는 약 7.1km/h로 걷거나 장애물을 넘는 등 복잡한 환경에서도 이동이 가능합니다. G1의 시각 시스템은 라이다 카메라와 심도 카메라로 구성되어 있어 3D 환경을 인식하고 효율적으로 작업하도록 설계되었습

요리하는 G1

출처: 더버지

니다. 배터리는 약 2시간 동안 작동하며, 무게는 아동과 비슷합니다.

G1은 사람의 동작을 모방하며 학습할 수 있도록 설계되었습니다. 손은 세 개의 손가락으로 구성되어 있어 섬세한 작업이 가능하며, 전선 납땜, 음식 조리, 팬 뒤집기와 같은 작업을 수행할 수 있습니다. 초기 모델은 배터리 성능이 제한적이며, 장시간 연속적으로 사용하기에는 제약이 있을 수 있습니다. 또한, 초기에는 가정에서 조리나 청소와 같은 복잡한 작업을 바로 수행하기보다는 연구 목적으로 활용될 가능성이 큽니다. 이를 통해 로봇의 기능과 적응력이 점차 개선될 것입니다.

초기에는 G1과 같은 개인, 가정용 휴머노이드가 온전한 기능을 보이기는 어렵겠으나, 앞에서 설명한 '완벽한 공유 학습'을 통해 빠

멀리 이동할 때 운반하기 쉽게 접어지는 G1

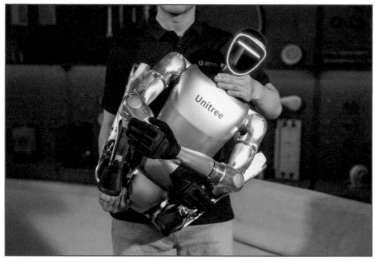

출처: 더버지

른 속도로 일상에서 개인을 돕는 존재로 자리매김할 가능성도 있습니다.

물리적으로 다양한 집안일을 돕는 것을 넘어서 데이터셋, 알고리즘이 업데이트되면, 아이들의 학습을 돕거나, 부모들의 재테크를 상담하는 것도 가능해지리라 봅니다. 즉, 외부에 존재하는 다양한 영역의 전문가들, 서비스 도우미들을 휴머노이드 한 대가 다 품게 될 것입니다. 이는 마치 스마트폰이 앱의 발전, 다양화를 통해 여러 서비스를 품은 것과 유사합니다. 큰 차이가 있다면, 휴머노이드는 스마트폰과 달리 몸을 통해 물리적 서비스가 가능하고, 인간적 외형과 친밀한 상호작용을 통해 관계성까지 형성 가능하다는 부분입니다. 예를 들어 스마트폰에도 심리 상담을 도와주는 앱이 있지만, 휴머노이드에 그런 기능이 탑재된다면, '정체성'을 가진 듯 행동하면서 사람과 상담하고, 상대방이 슬퍼할 때면 어깨를 토닥여줄 수도 있습니다. 작은 차이라고 여길지도 모르겠으나, 이런 부분들이 누적되면 큰 변화가 생기리라 예상합니다.

산업구조 변화와 파급효과

휴머노이드가 공장에서 물건을 만들고, 동시에 백오피스 업무나 고객 안내까지 수행하게 되면, 제조업과 서비스업의 영역이 혼재됩니다. 한때 로봇이 공장 자동화에만 국한되었다면, 앞으로는 휴머노이드가 유통, 관광, 의료, 교육 등 거의 모든 산업에 참여할 가능성이 열립니다.

로봇 관련 부품(센서, 액추에이터, 배터리 등) 제조 회사는 물론, 소프트웨어, 빅데이터, 클라우드 서비스를 제공하는 IT 기업도 휴머노이드 시장에 뛰어들 것입니다. 이는 전통적 제조업과 첨단 디지털 산업 간 협업을 촉진하는 계기가 될 것입니다.

전기차에 적용했던 자율주행 알고리즘과 배터리 기술을 활용해 옵티머스라는 휴머노이드를 탄생시킨 테슬라도 같은 맥락입니다. 완성차 회사가 휴머노이드를 직접 개발한 것은 산업 간 경계가 급속도로 허물어지는 현상의 단면입니다.

대기업만이 아닌 중소기업, 스타트업도 휴머노이드 관련 부품, 소프트웨어 솔루션, 컨설팅 등에 진출할 수 있습니다. 예컨대, 소형 센서, 모터 전문 기업, 그리퍼(Gripper) 제조사, AI 알고리즘 개발 스타트업이 빠르게 성장할 여지가 큽니다.

휴머노이드가 일상 업무까지 담당하게 되면, 노동시장이 크게 재편될 수 있습니다. 단순 제조 업무를 넘어, 요리, 청소, 간병, 상담 같은 서비스 영역의 일부도 휴머노이드로

> **❄ 그리퍼(Gripper)**
>
> 로봇이 물건을 쥐는 역할을 하는 손입니다. 두 갈래로 물건을 집는 간단한 형태부터, 사람 손처럼 여러 손가락으로 섬세하게 잡는 형태까지 다양합니다. 물건을 조심스레 들어 옮기거나, 무거운 부품을 단단히 쥐어서 운반하는 등, 로봇이 실제로 무언가를 이용하고 작업을 하려면 꼭 필요한 장치입니다.

대체되거나 협업 환경으로 바뀔 수 있다는 의미입니다. 대신 사람은 소통, 관리, 기획, 감독 등의 역할로 옮겨갈 수 있습니다. 일본에서 진행했던 연구를 살펴보면, 고령화 지역에서 휴머노이드가 노약자 돌봄, 재활 보조 역할을 부분적으로 맡을 수 있는지를 실험했는데, 비교적 단순한 동작(물건 건네주기, 기본 위생 관리 등)은 휴머노이드가 잘 수행했으나, 정서적인 교감은 인간 요양사에게 여전히 의존하는 결과가 나왔습니다.

또한, 새로운 일자리도 점차 등장할 것입니다. 몇 가지만 예를 들겠습니다. 휴머노이드가 대중화되면서, 이를 운영, 유지 보수, 업그레이드하는 전문 기술자가 필요하게 됩니다. 개별 사용자의 요구에 맞춰 휴머노이드의 AI 기능을 학습시켜 주는 트레이너도 등장할 수 있습니다. 휴머노이드의 윤리적 사용, 법적 문제를 다룰 전문가도 필요하게 됩니다.

신산업 창출 가능성

창고에서 상품을 분류, 포장, 적재하는 작업을 휴머노이드가 담당한다면, 물류 효율이 획기적으로 향상될 수 있습니다. 기존 로봇 팔로는 다루기 어려운 다품종 소량 상품에도 유연하게 대응합니다. 공연자로서 테마파크에서 퍼포먼스를 펼칠 수도 있습니다. 사람처

엔지니어드아츠의 휴머노이드 아메카

출처: 월스트리트저널

럼 걸어 다니며 노래와 춤을 함께 보여주는 휴머노이드는 이미 몇몇 연구소에서 시연된 바 있습니다. 엔지니어드아츠(Engineered Arts)는 아메카(Ameca)라는 휴머노이드를 호텔 및 엔터테인먼트 영역에 투입하려는 계획을 갖고 있습니다. 향후 개인, 가정이나 소규모 비즈니스를 대상으로 저렴한 휴머노이드가 출시되면, 상상 이상의 새로운 서비스 모델이 등장할 수 있습니다. 로봇 카페나 로봇 레스토랑을 넘어, 가정에서 개인 맞춤형 휴머노이드 이벤트를 열 수도 있습니다.

값비싼 휴머노이드를 소기업이나 개인이 활용하려면 경제적 부담이 크리라 예상할 수도 있으나, 금융상품을 통해 휴머노이드를 파견하는 형태로 빌려주는 서비스도 보편화될 전망입니다. 이는 기업들이 소프트웨어를 구매하지 않고 서비스 형태로 빌려 쓰는 방식과 비슷합니다. 스타트어스인사이트(StartUS insights)는 2025년 로봇 분야의 10대 핵심 트렌드 중 하나로 RaaS(Robotics as a Service)를 꼽았습니다. 로봇을 개발하고 유지 보수하기 위해서는 많은 비용과 시간이 소요됩니다. 이런 어려움으로 로봇 도입을 주저하는 기업들을 위해 로봇을 구독 기반 비즈니스 모델로 제공하는 접근이 RaaS입니다. 기업의 필요에 따라 로봇을 '고용'하라고 유도하는 셈입니다. 실제 관련 문서에서 로봇을 기업에게 Rent(대여)하라고 하지 않고, Hire(고용)하라

> ### 🔩 RaaS(Robotics as a Service)
>
> 로봇을 직접 사들이지 않고, 마치 구독 서비스처럼 빌려 쓰는 비즈니스 모델을 말합니다. 예를 들어, 물류 창고에서 로봇을 임대해 원하는 기간 동안만 사용하고 반납할 수 있습니다. 초기 투자 비용을 줄이고, 필요에 맞춰 로봇의 수와 종류를 조절할 수 있어 유연성이 높은 것이 장점입니다.

고 표현하고 있습니다. 이는 향후 노동시장에서 인간 노동자와 휴머노이드의 위상, 관계가 어떻게 될지를 암시하는 부분이기도 합니다.

인간형 로봇인 휴머노이드 형태는 아니지만, 그리스 스타트업인 아그로버스(Agroverse)는 농업용 로봇을 서비스 형태로 제공하고 있습니다. 아그로버스의 자율 로봇은 제초 및 살포 작업을 자동화하여 농장에서 비용이 많이 드는 수작업을 대체합니다. 농장에 인부를 파견하는 대신에 로봇을 파견하는 전략입니다.

RaaS 같은 방식이 보편화될 경우, 대규모 일자리 대체로 인한 실업률 상승을 우려하는 시각도 있습니다. 그러나 역사를 돌이켜보면, 기계화나 자동화가 늘어나면서 새로운 서비스, 신기술 산업이 탄생하기도 했습니다. 마찬가지로 휴머노이드 기술 확산도 새로운 직업을 창출할 여지가 충분합니다.

결론

기존 로봇과 휴머노이드의 가장 큰 차이는 "인간처럼 움직이고, 인간의 생활공간에 직접 들어온다."라는 점에 있습니다. 이로써 산업용 로봇에 한정되었던 로봇 생태계가, 일상과 서비스 시장까지 폭넓게 확장될 전망입니다. 산업 현장에서 사용되던 강인한 기계가 이제는 '파트너'나 '도우미' 형태로 변모하며, 전통적 제조업, IT 기업, 중소 스타트업이 함께 새로운 부가가치를 만들어낼 기회가 열릴 것입니다.

물론, 이런 변화에는 노동시장 재편과 윤리, 사회적 쟁점이라는 도전이 따라올 것입니다. 그럼에도 불구하고 휴머노이드 기술의 확산은 로봇이 단지 수동적 기계가 아니라, 실제 인간 사회 곳곳에서 상호작용을 하는 적극적 역할을 맡을 수 있음을 시사합니다.

사유의 문을 열며

- 기존에는 공장 라인에 거대한 로봇 팔을 설치했다면, 점점 더 휴머노이드가 공장 전체를 돌아다니게 됩니다. 생산공정에 어떤 파장을 가져올까요?

- 휴머노이드가 영화 「아이언맨」처럼 하늘을 날 수 있다면, 어떤 상황이 발생할까요?

미국, 중국, 빅테크들은
사활을 걸었다

아시아 태평양 지역은 글로벌 휴머노이드 시장의 중심지로 자리 잡고 있습니다. 2023년 기준, 전 세계 시장의 42%를 차지하며 가장 높은 점유율을 기록했습니다. 주요 국가인 한국, 중국, 일본은 로봇 기술 개발과 상용화에 있어 선도적인 역할을 하고 있습니다. 북미 지역은 미국을 중심으로 휴머노이드 산업의 기술혁신을 이끌고 있습니다. 미국은 강력한 학술 연구 기반과 민간 부문의 대규모 투자를 통해 AI와 휴머노이드 기술의 발전을 이끌고 있습니다. 유럽은 노동력 부족과 높은 인건비로 인해 휴머노이드 도입에 관심을 갖고 있는 상황입니다. 유럽연합 회원국들은 숙련된 인력을 구하는 데 어려움을 겪고 있습니다. 2024년 조사에서, 유럽연합 내 중소기업의 약 63%가 필요한 인재를 찾을 수 없다고 답했습니다. 유럽연합은 기술

스마트시티 프로젝트

스마트시티는 사물인터넷(IoT), 빅데이터, AI 같은 첨단 기술을 도시 곳곳에 적용해, 교통체증을 줄이고 에너지를 효율적으로 쓰며 시민들이 편리하게 생활할 수 있도록 하는 프로젝트입니다. 예를 들어, 빈 주차 공간을 앱으로 미리 안내하거나, 쓰레기통이 가득 차면 자동으로 수거차량을 부르는 식으로, 도시 전체가 똑똑해지는 미래형 도시 계획입니다.

개발과 규제 환경 마련을 동시에 추구하는 추세입니다. 중동 및 아프리카 지역은 상대적으로 초기 단계에 있습니다. 그러나 UAE와 사우디아라비아는 스마트시티 프로젝트와 로봇 기술에 대한 투자로 시장 성장의 가능성을 보여주고 있습니다.

휴머노이드 산업에는 다양한 기술, 제조 기업이 복잡하게 얽혀있습니다. 하나의 휴머노이드를 완성하고 운영하는 데 있어 여러 기술이 복합적으로 쓰이기 때문입니다. 휴머노이드 산업을 크게 분류하면, 다음과 같이 넷으로 나눠볼 수 있습니다.

- 핵심 모듈 공급 산업: 액추에이터(관절부, 감속기 등), 센서, 배터리/파워, 전장/컨트롤러, 외골격, 외관 소재 등을 제조하는 기업들의 분류
- 소프트웨어 산업: 휴머노이드 OS(운영체제), AI 알고리즘(비전, 음성, 자연어처리 등), **인간과 로봇의 상호작용**(HRI: Human-Robot Interaction), 보안 및 안전, 시뮬레이션 등을 제공하는 기업들의 분류

- 완제품 제조 산업: 최종 형태의 휴머노이드를 생산하고 판매하는 기업들의 분류
- 기타 서비스 산업: 휴머노이드를 활용한 시스템 통합 및 응용 솔루션 개발, 휴머노이드 유통, 렌탈 및 리스, 유지 보수, 교육 훈련 등을 담당하는 기업들의 분류

휴머노이드를 개괄하는 이 책에서 이런 산업군 각각을 세세하게 살펴보기는 어렵습니다. 세부 기술로 들어갈수록 대중이 쉽게 접근하고, 이해하기가 쉽지 않습니다. 따라서, 여기서는 완제품 제조 산업군에 해당하는 기업을 중심으로 보되,

> ### 🦾 인간과 로봇의 상호작용(HRI)
>
> 로봇이 지시를 잘 알아듣고 자연스럽게 말하거나, 사람 목소리나 행동을 알아채고 맞춤 대응을 하는 것을 가능하게 하는 연구 분야입니다. 로봇 개발자들은 어떻게 해야 사람들이 로봇을 신뢰하고 편하게 사용할지 연구하는데, 이는 돌봄 로봇, 안내 로봇, 가사도우미 로봇부터 자율주행차까지 다양한 영역에서 중요한 문제입니다.

다른 산업군에서도 관심을 둘만한 기업을 추가로 설명하는 형태로 얘기를 풀어가겠습니다.

중국, 휴머노이드 산업의 글로벌 리더를 꿈꾸다

중국은 2027년까지 휴머노이드 분야에서 세계를 선도한다는 목

표를 수립한 상태입니다. AI, 센서 기술 등을 휴머노이드의 핵심 요소라 파악하고, 이에 대한 대규모 투자를 진행하고 있습니다. 특히, 자국 내에서 연구, 개발, 생산까지 모두 완성한다는 전략하에 정부가 산업 발전을 주도하는 상황입니다. 중국의 휴머노이드 관련 기업을 몇 개 소개하겠습니다.

먼저 소개할 기업은 앞서도 언급했던 G1을 제작한 유니트리로보틱스입니다. 2024년 5월에 개최된 국제 로봇 및 자동화 학술대회(ICRA)에서 G1을 처음 선보였으며, 이전 모델인 H1과 비교하여 크기와 가격 면에서 큰 변화를 보였습니다. H1 모델의 크기는 성인에 해당하는 180cm에 달했으나, G1은 평균 8세 어린이의 키인 127cm에 맞춰 설계되었습니다. G1의 가격은 기본 구성 시 16,000달러로 책정되어, H1의 기본 가격인 90,000달러에 비해 상당히 저렴해졌습니다. 물론, 실제 판매가 진행되면, 옵션 구성에 따라 가격 편차는 커질 것 같습니다. 유니트리로보틱스는 휴머노이드의 대중화와 상용화를 가속하고자, 휴머노이드의 효율성과 경제성을 높이는 데 집중하고 있습니다.

휴머노이드 로봇 상하이유한공사(Humanoid Robots Shanghai Limited)는 청룽(Qinglong)을 발표했습니다. 이

> ### 🤖 국제 로봇 및 자동화 학술대회(ICRA)
>
> ICRA는 International Conference on Robotics and Automation의 약자로 세계 각지의 로봇 연구자, 엔지니어, 기업가들이 한자리에 모여 최신 기술과 연구 성과를 발표하는 권위 있는 행사입니다. 로봇 분야의 노벨상 시상식 같은 느낌이라고 볼 수 있습니다. 여기서 발표된 논문과 시연은 곧 현실로 구현되어, 우리 일상의 곳곳에 적용됩니다.

회사는 2024년 5월 중국 공업정보화부로부터 국가 지방 합동 휴머노이드 로봇 혁신 센터로 지정된 신생 연구 개발 기관입니다. 청룡의 개발에는 약 1억4천만 달러의 자금이 투입되었습니다. 키 185cm, 무게 80kg이며, 정밀한 움직임, 부드러운 보행을 선보였습니다. 청룡의

> 🔧 **오픈소스(Open Source)**
>
> 오픈소스는 소프트웨어의 소스 코드를 누구나 보고, 수정하고, 재배포할 수 있게 개방한 것입니다. 상용 프로그램처럼 비밀 유지에 힘쓰는 대신, 누구든 자유롭게 바꿀 수 있어 여러 개발자들이 힘을 모아서 품질을 높여 나갑니다. 중국에서 개발된 딥시크(DeepSeek)도 오픈소스 방식을 취하고 있습니다.

또 다른 중요한 특징은 오픈소스(Open Source) 접근법입니다. 오픈룽(OpenLoong)이라는 오픈소스 커뮤니티 웹사이트를 구축했으며, 휴머노이드의 하드웨어 구조와 매개변수 등을 이미 공개한 상태입니다.

휴머노이드로봇상하이유한공사의 청룡

출처: 테크노드

유비테크로보틱스의 워커S

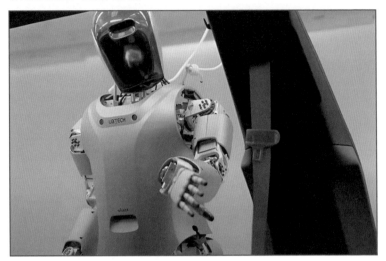

출처: 더로봇리포트

소프트웨어 패키지까지 오픈소스로 제공하는 접근입니다.

유비테크로보틱스(UBTECH Robotics)는 워커S(Walker S)라는 휴머노이드를 발표했습니다. 자동차 제조업체인 동풍류저우모터(Dongfeng Liuzhou Motor)와 적극 협력하고 있습니다. 워커S를 자동차 공장에서 안전벨트 및 도어 잠금장치 검사, 헤드라이트 커버 및 차체 품질 점검, 조립 부품 선택 및 로고 부착 등의 작업에 쓴다는 접근입니다.

샤오미(Xiaomi)는 사이버원(CyberOne)이라는 휴머노이드를 발표했습니다. 인간과 유사한 움직임뿐만 아니라, 정교한 감각을 강조하고 있어서, 제조업부터 감성적인 상호작용까지 다양한 분야에서 활용하겠다는 전략입니다. 사이버원은 키 177cm, 몸무게 52kg 정도의 규격입니다. 샤오미가 강조하는 감성 상호작용을 살펴보면, MiAI 감성

인식 엔진과 MiAI 음성 감정 식별 엔진을 통해 85종의 환경 소리와 45가지 인간 감정을 분석한다는 점이 특징입니다. 이를 통해 행복과 슬픔 같은 감정을 감지하며 소통한다는 접근입니다. 샤오미는 사이버원에 관한 오픈소스 플랫폼을 구축하여, 다양한 산업으로 확장성을 높인다는 전략입니다. 제조업뿐만 아니라, 호텔 및 전시 같은 서비스업, 헬스케어 및 노인 돌봄 등의 영역까지 진출하고자 합니다.

샤오미의 사이버원

출처: 로봇가이드

엑스로봇(Ex-Robots)은 감정 표현을 강화한 휴머노이드 개발을 목표하고 있습니다. 고도의 정밀 기술과 자체 알고리즘을 통해 로봇의 감정 표현과 얼굴 움직임을 강화한다는 전략입니다. 앞서 말한 휴머노이드들을 보면, 인간의 머리, 얼굴 부분의 감정 표현에는 크게 신경 쓰지 않는 경우가 많습니다. 앞에서 설명했던, 언캐니 밸리를 피하기 위한 방법이기도 합니다. 그러나 엑스로봇은 휴머노이드의 얼굴에 다중 모터 시스템을 설치하여 눈, 입, 혀의 움직임까지 정교하게 제어합니다. 이러한 기술은 로봇이 웃거나 표정을 짓는 등의 감정을 표현할 수 있게 합니다. 아직까지는 개별 가격이 150만~200만 위안(한화로 약 3억~4억 원)에 달해서, 현재는 주로 박물관 전시용으로 사용되고 있지만, 향후 헬스케어, 교육, 서비스 산업 등으로 활용 범위를 확장할 계획입니다.

엑스로봇의 로봇들

푸리에인텔리전스(Fourier Intelligence)는 상하이 기반의 기업으로, 재활 로봇 전문 기업으로 알려져 있습니다. 최근에는 휴머노이드 로봇으로 사업을 확장하고 있습니다. 포어리어의 휴머노이드는 의료 및 산업 자동화를 포함한 다양한 분야에서 활용될 수 있도록 설계되었습니다.

엔진AI(EngineAI)는 휴머노이드 PM01을 공개했습니다. PM01은 키 138cm, 무게 약 40kg이며, 320도 회전이 가능한 허리를 갖추고 있어 높은 유연성과 빠른 움직임이 가능합니다. 2025년에 판매가 가능할 것으로 예상되며, 주요 고객은 기업, 연구자와 개발자가 될 것입니다.

레주로보틱스(Leju Robotics)는 선전(深圳)에 본사를 둔 기업으로, 휴머노이드 쿠아보(Kuavo)를 출시했습니다. 쿠아보는 2024년 6월에 열린 화웨이의 HDC 2024 개발자 컨퍼런스에서 공개되었습니다.

GAC그룹(광저우자동차그룹)은 주로 자동차 제조사로 알려져 있지만, 2024년 12월에 휴머노이드 고메이트(GoMate)를 발표했습니다. 생산은 2026년에 시작될 예정이며, 자동차 제조뿐만 아니라 교육, 헬스케어, 보안 분야에서도 활용하겠다는 계획입니다.

이와 같이, 중국은 다른 국가들보다 훨씬 많은 기업이 다양한 형태의 휴머노이드 개발에 뛰어든 상황입니다. 휴머노이드 개발을 강력히 지원하는 국가 정책에 힘입어, 타 산업에서 입지를 다진 기업들이 휴머노이드 분야로 확장하고 있으며, 스타트업들도 활발하게 생겨나고 있습니다.

일본, 첨단 기술과 문화를 융합하다

일본은 로봇공학에서 오랜 역사를 가지고 있으며, 특히 일본의 휴머노이드 산업은 첨단 기술, 문화적 통합, 그리고 사회적 문제 해결을 융합하는 특성을 지니고 있습니다.

일본의 대학과 연구 기관은 휴머노이드 공학 발전에 중요한 역할을 하고 있습니다. 예를 들어, 와세다대학은 1973년에 세계 최초의 지능형 휴머노이드 중 하나인 WABOT-1을 개발했습니다.

일본은 여러 유형의 문화 콘텐트에서 이미 다양하게 로봇과 휴머노이드를 다루었기에, 대중에게 더 친숙하고 매력적으로 다가가려는 특성이 있습니다. 어린 시절 즐겨봤던 '아톰', '건담' 등이 대표

세계 최초의 휴머노이드 WABOT-1

출처: 씨넷

적 사례입니다. 이러한 문화적 친화성을 통해 휴머노이드를 엔터테인먼트부터 고객 서비스에 이르기까지 일상생활의 다양한 측면에 적용하려고 시도하고 있습니다. 일본의 노동 환경을 보면, 고령화와 출산율 감소로 인해 노동력이 줄어들고 있는 상황입니다. 그래서 휴머노이드를 간병 및 서비스 산업에서 노동력을 보완하는 장기적인 해결책으로 주목하고 있습니다.

일본의 주요 휴머노이드 관련 기업을 살펴보겠습니다. 혼다의 아시모 (ASIMO)는 2000년에 처음 소개된 이후 전 세계적으로 잘 알려진 휴머노이드 중 하나입니다. 아시모는 걷고, 뛰고, 계단을 오르며 사람들과 상호작용을 할 수 있습니다. 이는 혼다의 로봇공학과 AI 기술 수준을 보여줍니다.

소프트뱅크는 2014년 세계 최초로 감정 인식 기능을 갖춘 로봇인 페퍼를 출시하며 큰 주목을 받았습니다. 페퍼는 얼굴 표정과 음성을 통해 사람의 감정을 분석하고, 이에 반응하는 기술로 자연스러운 상호작용을 제공했습니다. 그러나 페퍼는 복잡한 대화나 문제 해결 능력이 부족하다는 평가를 받으며, 주로 단순한 안내나 홍보 역할에 머

도요타 T-HR3

출처: 모터워드

물렀습니다. 페퍼는 약 20개국에서 1만 대가 넘게 판매되며, 서비스 휴머노이드 시장의 가능성을 보여준 중요한 사례로 평가됩니다.

도요타는 휴머노이드뿐만 아니라 다양한 로봇 기술을 개발하며 산업 전반에 걸쳐 혁신을 주도하고 있습니다. 도요타가 개발한 T-HR3는 인간의 움직임을 모방하여 조종할 수 있는 로봇으로, 원격조작을 통해 사람의 작업을 돕는 데 적합합니다. 특히, 의료 및 재활 보조에 중점을 둡니다.

일반적인 휴머노이드라고 분류하기는 애매하지만, 도요타는 인간지원로봇(HSR: Human Support Robot)을 발표하기도 했습니다. 인간 신체의 일부를 모방한 로봇 형태로 제작되

> **🦾 인간지원로봇(HSR)**
>
> 일상생활이 어려운 고령자나 장애인을 돕기 위해 만들어진 로봇입니다. 예컨대, 떨어진 물건을 주워주거나, 물건을 가져오는 등 기본적인 활동을 지원합니다. 고령화사회가 진행되는 오늘날, 이런 로봇은 자립 생활을 돕고 간병인의 부담을 줄이는 효과도 기대됩니다.

도요타 HSR

어, 노인과 장애인을 지원하기 위해 물건을 가져오거나 간단한 가사 업무를 수행할 수 있습니다.

이외에도 인공 근육을 활용한 로봇 팔을 개발하며 자동차 생산 공정뿐만 아니라 의료 및 재활 분야에도 로봇 기술을 적용하고 있습니다. 이러한 기술은 고령화사회의 문제를 해결하고, 생산성과 효율성을 향상하는 데 기여하리라 평가되고 있습니다.

가와사키중공업은 오랜 기간 동안 산업용 로봇 분야에서 축적한 기술력을 바탕으로 휴머노이드 개발에도 참여하고 있습니다. 가와사키의 대표적 휴머노이드 칼레이도(Kaleido)는 재난 구조를 포함하여 제조, 물류, 그리고 기타 산업 환경에서 활용될 수 있도록 설계

되었습니다. 내구성이 우수하고 정교
한 동작이 가능하다는 점이 높게 평
가되고 있습니다.

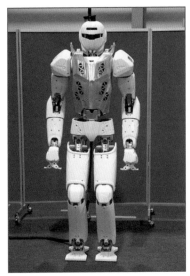

가와사키중공업의 칼레이도

일본의 휴머노이드 산업은 단순
한 기술 개발을 넘어 실용성과 사회
적 가치를 강조하는 방향으로 진화하
고 있습니다. 소프트뱅크는 감정 인식
로봇을 통해 인간과 로봇의 상호작용
가능성을 열었고, 도요타는 다양한
산업과 일상생활에서 휴머노이드 기
술을 적용하며 다재다능함을 보여주

출처: 가와사키중공업

었습니다. 가와사키는 고위험 작업 환경에서의 휴머노이드 활용 가
능성을 열었으며, 소니는 감성 로봇 분야에서 독창적인 접근 방식을
선보였습니다. 이러한 기업들의 노력은 일본이 여전히 휴머노이드
기술의 글로벌 리더로 자리 잡는 요인이 되고 있습니다.

한국, 로봇에 진심이다

한국은 제조업 노동자 1만 명당 산업용 로봇 1,012대를 보유하
여, 세계에서 가장 높은 로봇 밀도를 기록하고 있습니다. 이는 세계

평균인 151대의 약 6배에 달하는 수치로, 한국이 제조업 자동화에서 선도적인 위치에 있음을 보여줍니다. 물론, 여기서 언급한 로봇은 이 책의 주제인 휴머노이드와는 어느 정도 거리가 있습니다. 그러나 압도적으로 높은 로봇 밀도는 향후 한국이 휴머노이드 영역에서도 크게 약진할 수 있음을 시사합니다.

한국 정부는 로봇 산업을 미래 성장 동력으로 인식하고, 이를 국가첨단전략산업으로 지정했습니다. 산업통상자원부는 2024년 1월 '제4차 지능형 로봇 기본계획(2024~2028)'을 발표하며, 2030년까지 민관 합동으로 3조 원 이상을 투자하여 경쟁력을 강화한다는 계획을 밝혔습니다. 이를 통해 8대 핵심기술 확보, AI 및 소프트웨어 등 핵심 인력 1만5,000명 양성, 로봇 전문기업 150개 육성 등을 추진하고 있습니다.

레인보우로보틱스 RB-Y1

출차: 레인보우로보틱스

한국은 산업 현장에서의 자동화와 효율성 향상을 위한 로봇 도입뿐만 아니라, 고령화사회에 대응하기 위한 의료 및 돌봄 휴머노이드 개발에 특히 집중하고 있습니다. 현재 44% 수준인 부품 국산화율을 향상시키기 위한 정책도 추진되고 있습니다.

주요 기업들을 살펴보면 다음과 같습니다. 레인보우로보틱스(Rainbow Robotics)는 한국과학기술원의 휴머노이드 휴보(Hubo)

를 개발한 연구진이 설립한 기업입니다. 협동 로봇, 자율이동로봇, 4족 보행 로봇 등 다양한 로봇을 개발하고 있습니다. 최근에는 생성형 AI 기술을 적용한 바퀴 이동형 양팔 로봇 RB-Y1을 선보이기도 했습니다.

씨메스(CMES)는 3차원 비전 AI 로봇 기술을 기반으로 자율 제조와 휴머노이드 로봇 개발에 주력하고 있습니다. 2024년 하반기에는 로봇산업기술개발사업 등 총 3건의 신규 정부 지원 연구 사업에 선정되기도 했습니다. 이를 통해 제조 로봇 지능화 및 자동화 기술 개발에 박차를 가하고 있습니다.

베어로보틱스(Bear Robotics)는 서빙 로봇 서비(Servi)로 유명합니다. 전형적인 휴머노이드와는 다른 구조를 갖고 있으나, 레스토랑을 중심으로 서비스 업계에서 로봇의 활용을 선도하고 있습니다. 대기업과의 협력을 통해 자본과 기술적 지원을 받으며, 안정적인 성장을 이어가고 있습니다.

2024년 4월 설립된 홀리데이로보틱스(Holiday Robotics)도 눈에 띕니다. 제조업에서 부품 조립 등에 활용할 수 있는 휴머노이드를 개발 중이며, 향후 서비스업과 가정용으로도 적용 범위를 확장할 계획입니다. 특히, 시뮬레이션 기반 강화 학습을 통해 휴머노이드가 새로운 동작을 배우는 데 필요한 데이터를 최소화하는 연구와 정교한 로봇 손 중심의 기술 개발에 집중하고 있습니다.

미국, AI를 넘어서 휴머노이드 패권을 잡다

미국의 휴머노이드 산업은 첨단 기술 확보, 막대한 투자, 그리고 다양한 산업에서의 광범위한 응용을 통해 빠르게 발전하고 있습니다. 최근 몇 년간 AI 발전을 주도한 미국은 이를 기반으로 휴머노이드의 상호작용 능력을 극대화하는 쪽에 집중하고 있습니다.

미국의 휴머노이드 시장은 향후 몇십 년간 규모가 크게 증가할 것으로 예상됩니다. 모건스탠리는 2040년까지 미국에 약 800만 대의 휴머노이드 로봇이 가동될 것으로 예측하고 있으며, 이는 임금 구조에 약 3,570억 달러에 달하는 영향을 미칠 것($357 billion wage impact)으로 보입니다. 2050년에는 가동되는 휴머노이드 로봇의 수가 6,300만 대로 증가해서 직업의 75%, 직원의 40%가 영향을 받고, 급여로는 약 3조 달러에 해당하는 영향을 미칠 것이라 예측합니다. 휴머노이드가 장기적으로 노동력 대체 및 새로운 작업 환경 조성에 기여하며, 향후 미국 경제 전반에 걸쳐 중대한 변화를 초래하리라는 전망입니다.

미국 휴머노이드 산업에서 주목할 기업들을 정리해보겠습니다. 먼저, 엔비디아입니다. 엔비디아는 그래픽 처리 장치 및 AI 기술 분야에서 세계적인 선두 주자로, 휴머노이드 산업에서도 중심적인 역할을 하기 위해 전략적으로 포지셔닝하고 있습니다. 엔비디아의 핵심 전략은 휴머노이드에 특화된 고급 AI 모델 개발입니다. 그중 대표적인 프로젝트는 그루트(GR00T)인데, 이는 휴머노이드가 시뮬레이션 및 실제 환경 모두에서 학습할 수 있게 지원해주는 모델입니다. 모방 학습, 강화 학습, 비디오 데이터를 결합하여 휴머노이드가 인간 언어를 이해하고 인간의 움직임을 모방할 수 있도록 지원합니다. 휴머노이드의 뇌 역할을 하는 AI 모델이라고 보면 됩니다. 하드웨어 분야에서 엔비디아는 휴머노이드에 특화된 플랫폼인 젯슨토르(Jetson Thor)를 공개했습니다. 젯슨토르는 휴머노이드를 위해 설계된 소형 컴퓨터입니다. 또한, 엔비디아는 아이작심(Isaac Sim)이라는 시뮬레이션 플랫폼을 제공합니다. 아이작심은 실제 환경과 유사한 가상 환경을 제공하여, 개발자들이 다양한 시뮬레이션을 통해 휴머노이드를 설계하고 테스트할 수 있도록 지원합니다. 이를 통해 실제 휴머노이드를 제작하고 테스트하는 데 소요되는 시간과 비용을 대폭 절감하고, 개발 효율성을 높일 수 있습니다. 엔비디아의 CEO 젠슨 황은 CES 2025에서 코스모스 월드 파운데이션 모델을 발표해서 이목을 끌었습니다. 간단히 말해서, 코스모스는 그루트 학습에 필요한 데이터, 자료를 제공해준다고 보면 됩니다.

오픈AI(OpenAI)는 현재 생성형 AI 산업을 대표하는 기업입니다. 고도화된 AI 모델과 전략적 파트너십을 통해 휴머노이드 산업에서 중요한 역할을 하고자 합니다. AI 기술을 기반으로 인간과 유사한 사고와 상호작용 능력을 갖춘 휴머노이드 개발에 기여한다는 전략입니다. 2024년 2월, 오픈AI는 AI 기반 휴머노이드를 개발하는 피겨AI와 파트너십을 체결했습니다. 이 협력에는 오픈AI가 피겨의 휴머노이드를 위해 특화된 AI 모델을 개발하겠다는 내용이 포함되어 있습니다. 이를 통해 피겨AI의 휴머노이드는 언어를 처리하고 추론하는 능력을 갖추게 되었습니다. 오픈AI는 이브(EVE)와 네오베타(NEO Beta)와 같은 휴머노이드를 개발하는 원엑스테크놀로지스(1X Technologies)에도 투자했습니다. 이러한 투자는 휴머노이드 분야의 혁신을 지원하고 오픈AI의 AI 기술을 물리적 로봇에 통합하려는 의지로 해석됩니다. 요컨대, 오픈AI는 고성능 AI를 휴머노이드에 적용하여, 기능성과 적응성을 향상시키고, 지능적이고 자율적인 시스템 발전에 기여하면서, 휴머노이드 생태계에서도 중요한 입지를 확보하겠다는 전략입니다.

테슬라는 휴머노이드 옵티머스를 통해 AI와 첨단 제조 기술을 통합하겠다는 전략입니다. 테슬라의 옵티머스 로봇은 인간의 신체 능력을 모방하도록 설계되었습니다. 키는 약 175cm, 무게는 약 56kg입니다. 옵티머스는 테슬라 자동차의 자율주행 기술을 구현한 소프트웨어와 동일한 것을 활용하며, 복잡한 환경을 탐색하고 사물을 인식하며 자율적으로 작업을 수행할 수 있습니다. 테슬라는 수직적 통합(Vertical Integration)과 대규모 생산

> **🎖️ 수직적 통합(Vertical Integration)**
>
> 한 기업이 제품 생산의 여러 과정을 직접 통제하고 운영하는 전략을 말합니다. 예를 들어, 자동차 회사가 철강 생산, 타이어 제조, 부품 생산, 완성차 조립, 판매까지 모두 소유하는 식입니다. 외부 협력 업체 의존도를 줄이고 품질과 비용 관리를 효율적으로 할 수 있지만, 초기 투자비와 운영 리스크가 커질 수도 있습니다.

역량을 강조하며 휴머노이드 시장에서 독보적인 위치를 차지하고 있습니다. 하드웨어와 소프트웨어를 모두 자체 개발하여 부품 간의 최적화를 꾀하고 통합성을 보장한다는 접근입니다. 이를 통해 생산 비용을 절감하고, 개발 및 생산 일정을 단축한다는 전략입니다. 또한, 테슬라의 창업자인 일론 머스크는 옵티머스를 자동차 공장에 투입해서 노동력 부족 문제를 해결하겠다고 밝혔습니다. 테슬라는 옵티머스의 대규모 생산 시점을 2026년으로 잡은 상황입니다. 현재 기준으로는 가격을 2만 달러 미만으로 책정할 예정인데, 이는 산업 자동화를 넘어 가사 노동, 의료 보조 등 다양한 응용 분야에서 활용 가능성을 열어줍니다. 일론 머스크는 미래에 휴머노이드 로봇이 보편화되어 2040년경에는 인간보다 더 많은 로봇이 존재할 가능성도 있다고 언급했습니다. 또한, 휴머노이드 기술이 테슬라의 기업 가치를 25조 달러 이상으로 끌어올릴 수 있다고 예견하기도 했습니다.

어질리티로보틱스(Agility Robotics)는 휴머노이드 디지트(Digit)를 통해 물류 및 제조 분야에서 혁신적인 자동화 솔루션을 제공하고 있습니다. 기존 인프라의 변경이나 수정을 최소화하면서 디지트를 투입하는 형태로 고객 만족도를 높이는 전략입니다. 아마존, GXO Logistics와 같은 기업들과의 파트너십을 통해 디지트의 상용화를 추진하고 있습니다. 특히,

어질리티로보틱스의 디지트

오리건주에 위치한 로보팹(RoboFab) 공장을 통해 연간 최대 1만 대의 디지트를 생산할 계획을 발표하였으며, 이는 휴머노이드 로봇의 대량생산을 위한 세계 최초의 공장으로 주목받고 있습니다.

보스턴다이내믹스는 휴머노이드 아틀라스를 개발했습니다. MIT에서 분사하여 설립된 이래, 로봇공학 분야의 선두 주자로 자리 잡은 기업입니다. 아틀라스는 인간 중심의 환경에서 작동할 수 있도록 설계된 이족 보행 로봇입니다. 키는 약 1.5m로, 인간의 평균 키보다는 작지만, 이를 통해 보다 안정적인 움직임과 효율적인 설계를 실현했습니다. 무게는 약 80kg이며(모델마다 다를 수 있음), 높은 자유도를 갖춘 구조로 매우 정교한 움직임을 구현할 수 있습니다. 보스턴다이내믹스는 현대자동차그룹에 인수된 이후, 상업용 로봇 개발에 더욱 집중하고 있습니다. 최근에는 유압 기반 아틀라스 모델을 은퇴시키고, 전기 기반으로 설계된 새로운 버전을 발표하였습니다. 새로운 아틀라스는 에너지 효율성과 내구성, 동작 범위를 개선하여 산업에서 실질적으로 쓰이는 것을 목표로 하고 있습니다. 또한, 향상된 그리퍼 기술을 통해 다양한 물체를 다룰 수 있는 능력을 추가할 예정이며, 이는 제조 및 건설과 같은 산업 분야에서 활용 가능성을 넓히는 데 기여할 것입니다.

피겨AI는 2022년에 설립된 실리콘밸리 기반 로봇공학 회사로, AI를 활용한 휴머노이드 개발에 특화되어 있습니다. 최신 모델인 Figure 02는 2024년 8월에 공개되었으며, 휴머노이드 분야에서 중요한 진전을 보여줍니다. Figure 02는 약 167cm의 키와 70kg의 무게를 가지며, 인간 중심의 환경에 자연스럽게 통합될 수 있도록 설계되었습니다. 특히, 6개의 RGB 카메라와 온보드 비전-언어 모델을 통해 뛰어난 상황 인식 능력을 갖추고 있습니다. 또한, 16개의 자유도를 가진 다섯 손가락의 로봇 손을 통해 최대 25kg의 물체를 들 수 있는 작업 능력을 제공합니다. 피겨AI는 상업적으로 활용 가능한 범용 휴머노이드 개발의 선두 주자로 빠르게 자리 잡고 있습니다. 인간 중심의 환경에서 자율적으로 작동할 수 있는 로봇을 개발하여 제조, 물류, 창고와 같은 산업의 혁신을 목표로 하고 있습니다. 특히, BMW그룹과의 협력은 피겨AI의 휴머노이드가 실제 산업 환경에서 통합될 수 있음을 보여주는 중요한 사례로, 작업 효율성을 향상시키고 노동력 부족 문제를 해결하는 데 중점을 두고 있습니다.

BMW 공장에서 작업 중인 Figure 02

출처: 인터레스팅엔지니어링

BMW그룹은 미국 사우스캐롤라이나 스파턴버그 공장에 Figure 02를 도입하여, 생산 환경에 적응하는 작업을 진행하고 있습니다. 최근 테스트에서 Figure 02는 자동차 차체 부품을 구성하는 판금 부품을 특수 고정구에 배치하는 작업을 성공적으로 수행하며 뛰어난 촉각 능력을 입증했습니다. 이 로봇은 이전 모델 대비 3배 향상된 컴퓨팅 성능과 강화된 음성 커뮤니케이션 기능을 선보였습니다. 2024년 2월, 피겨AI는 아마존, 마이크로소프트, 엔비디아, 인텔, 오픈AI 등 다양한 글로벌 기업으로부터 6억 7,500만 달러의 투자금을 유치하며 회사의 가치를 26억 달러로 끌어올렸습니다. 이러한 대규모 투자금은 피겨AI의 비전과 기술력에 대한 높은 신뢰를 반영합니다.

결론

휴머노이드 산업은 현재 초기 단계에 있지만, 빠른 기술 발전과 시장 확대 가능성으로 인해 향후 5년~10년 이내에 전혀 다른 양상을 보일 것으로 예상됩니다. 아시아 태평양 지역의 기술 선도, 북미의 연구 개발 투자, 유럽의 사회적 수요, 중동 및 아프리카의 초기 단계 성장 가능성 등 각 지역의 특성이 서로 다른 강점으로 작용하고 있습니다.

휴머노이드를 완성하고 운영하기 위해서는, AI, 센서, 소재 공학 등 다양한 기술 분야의 융합, 산업군 간 협력이 필수입니다. 핵심 부품부터 소프트웨어, 완제품 제조, 서비스 솔루션까지 산업 전반에 걸친 생태계가 구축될수록 시장 내 경쟁과 협력 구조는 더욱 복잡해질 것입니다.

각국 주요 기업은 국가적 지원을 밑거름 삼아서 기술혁신에 박차를 가하고 있으며, 각 영역에서 시장 지배적 기업이 등장하면서, 글로벌 산업 판도를 크게 뒤흔들 가능성이 높습니다. 과거를 돌이켜 보면, 기계, 전자, 정보기술 등 새로운 산업이 형성될 때마다 글로벌 산업 지형, 국가와 기업의 위상이 크게 요동쳤습니다. 따라서, 시장 참여자, 투자자, 정책 입안자는 휴머노이드 산업이 불러올 경제적, 사회적 변화를 면밀히 모니터링하며 대응 전략을 준비해야 합니다.

사유의 문을 열며

- 10년 후, 글로벌 휴머노이드 산업의 패권을 잡을 국가는 어디일까요?

- 휴머노이드 산업이 지속해서 발전한다면, 이는 한국 경제와 산업에 득일까요? 실일까요?

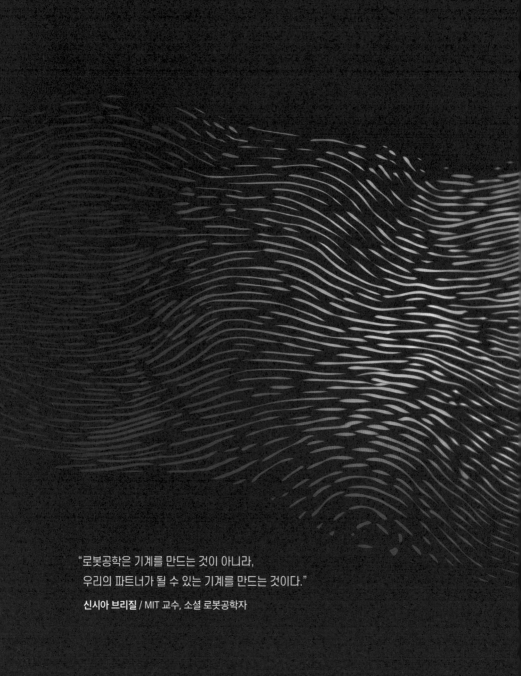

"로봇공학은 기계를 만드는 것이 아니라,
우리의 파트너가 될 수 있는 기계를 만드는 것이다."

신시아 브리질 / MIT 교수, 소셜 로봇공학자

Chapter 3

인류보다 더 신속/정교하고
쉼 없이 일하는 존재가 온다

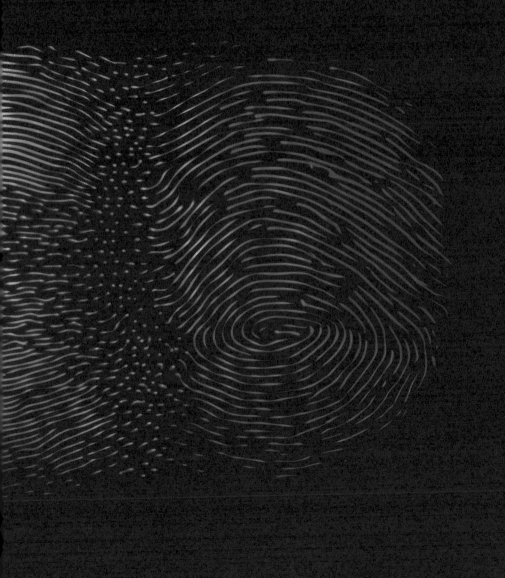

농어촌에는
휴머노이드가 못 들어간다고요?

인구구조와 노동 환경이 급변하는 시대에 농어촌의 인력 부족 문제는 매우 시급한 과제로 떠올랐습니다. 특히, 청년층의 도시 집중 현상으로 인해 농어촌 지역은 고령화가 가속화되고, 숙련된 노동력을 구하기가 어려워졌습니다. 이에 따라 농어촌에 최첨단 기술, 나아가 인간을 닮은 기계, 즉 휴머노이드가 들어올 가능성도 살펴볼 필요가 있습니다. 휴머노이드는 전통적인 농기계를 넘어서는 유연성과 범용성을 갖춰, 사람처럼 손과 발을 사용해 작업할 수 있습니다. 그렇다면 과연 농어촌 현장에서 휴머노이드가 인력 부족을 해소하고, 산업과 지역사회에 긍정적인 변화를 불러올 수 있을지 살펴보겠습니다.

대형 기계의 가치와 한계점

통계청 자료에 따르면, 2020년 이후 농업, 어업 분야 종사자 중 65세 이상 고령층의 비율이 전체의 절반 가까이에 달합니다. 이러한 문제에 대응하기 위해 이미 농기계 자동화나 로봇 기술 도입이 일부 진행되고 있습니다. 대표적으로 정밀 GPS 트랙터나 드론을 이용한 농약 살포가 확산되어, 기존의 육체노동을 어느 정도 대체하고 있습니다. 하지만 논밭 또는 어촌 현장은 각각의 환경과 작업 방식이 제각기 달라서, 일률적인 기계 자동화만으로는 모든 문제를 해결하기 어렵습니다.

예를 들어, 딸기 산업을 살펴보겠습니다. 딸기는 세계적으로 연간 170억 달러 이상의 시장 가치를 가진 작물입니다. 하지만 수확 작업에만 10억 달러 이상의 비용이 소모됩니다. 매우 노동 집약적인 작업입니다. 이런 문제를 해결하기 위해, 로봇을 활용하는 시도는 이미 진행되고 있습니다. 대표적인 예로 하비스트크루로보틱스(Harvest CROO Robotics)를 살펴보겠습니다. 하비스트크루로보틱스의 딸기 수확 로봇은 16개의 독립적 로봇 팔을 갖고 있습니다. AI와 머신러닝 기반의 비전 시스템을 통해 딸기를 스캔하고, 익은 딸기를 정확하고 부드럽게 수확합니다. 라이다 기술을 활용한 3D 시야를 통해 장애물을 회피하며 안정적으로 작업합니다. 하루에 약 만 평 크기 딸기밭을 작업할 수 있으며, 이는 약 30명의 인력을 대체할 수 있는 수준

딸기 수확용 로봇 팔

입니다. 그러나 이런 장비는 대형 농장을 대상으로 개발된 장비입니다. 또한, 이 장비로는 딸기 수확만 가능하다는 문제도 있습니다.

아직은 실험 단계이지만, 휴머노이드는 훨씬 더 사람에 가까운 형태와 기능을 갖춰서, 다양한 작업 현장에서 쓰일 수 있다는 기대를 모으고 있습니다. 가령 소규모 농장에서 사람들이 일일이 손으로 작업하던 파종, 잡초 제거, 수확 등의 섬세한 작업을 휴머노이드가 도울 수 있다는 말입니다.

수산업도 상황은 비슷합니다. 일례로, 노스이스턴대학교는 미국 매사추세츠주 뉴베드포드 지역의 수산물 가공 공장에서 로봇 기술 도입을 실험했습니다. 핵심은 인간 작업자와 협력하여 단순 반복 작업(품질 검사, 운반 등)을 처리하고, 인간은 정밀한 작업에 집중하도록 지원하는 것입니다. 대표적으로는 소이어(Sawyer)라는 로봇 팔을 활용했습니다. 소이어는 인간의 감각 기능을 일부 학습해서, 수산물의 품질 판독과 분류를 보조해줬습니다. 결과적으로는 작업 속도를 두 배 이상 높여줬습니다. 그러나 농업의 사례와 마찬가지로, 특정 작업에만 적용이 가능하고, 다양한 어종을 소규모로 취급하는 경우에는 적용에 어려움이 있습니다.

환경친화적 정밀 작업과 안전성

농어촌 현장에 휴머노이드를 도입할 경우, 또 다른 이점은 환경 보호와 안전성 향상입니다. 현재 농산물 생산량을 높이기 위해 대량 살포되는 화학비료와 농약은 토양과 수질 오염, 인체 유해성 등 여러 부작용을 일으킵니다. 이런 문제를 해결하기 위해 일부 농민들은 잡초 제거나 병충해 방제를 보다 친환경적인 방식으로 시도하고 있지만, 여기에는 많은 노동력과 시간이 소요됩니다.

이를 기술적으로 해결하는 기업으로 디어앤코(Deere & Company), 카본로보틱스(Carbon Robotics)를 살펴보겠습니다. 디어앤코의 씨앤스프레이(See & Spray)는 고해상도 카메라와 AI 기술을 활용하여 작물과 잡초를 실시간으로 구분합니다. 필요한 부위에만 선택적으로 제초

디어앤코의 씨앤스프레이

제를 분사하여 화학 물질 사용을 최소화하는 방식입니다.

카본로보틱스의 레이저위더(LaserWeeder)는 AI 기반의 자율주행 제초 로봇으로, 30개의 이산화탄소 레이저를 이용해 시간당 약 2,500평의 잡초를 제거합니다. AI로 잡초를 식별하면, 잡초에만 레이저를 살짝 쏴서 고사시키는 방식입니다. 두 기업 모두 혁신적인 접근을 하고 있으나, 대규모 농장에 적합한 모델이라는 한계가 있습니다.

휴머노이드는 사람처럼 자유롭게 이동하고 섬세하게 움직일 수 있으므로, 작은 면적, 특정 구역의 잡초를 일일이 뽑아내거나, 작물의 병충해를 정밀하게 검사, 제거하는 작업을 맡을 가능성이 있습니다.

카본로보틱스의 레이저위더

출처: 카본로보틱스

　이렇게 정밀한 작업 방식을 도입하면, 농어촌의 대표적인 문제 중 하나인 작업 안전성도 개선됩니다. 농약 살포는 농부가 직접 노출되는 위험한 작업 중 하나이며, 수산업에서도 양식장 관리나 어획물 분류 작업 중 발생하는 낙상, 과로, 안전사고가 빈번합니다. 휴머노이드가 고위험 작업을 맡아주면, 농민과 어민은 관리, 감독 업무에 집중하여 안전사고를 줄일 수 있습니다. 일례로, 앞서 설명한 노스이스턴대학교의 소이어도 저온 환경과 위험한 절단 작업 등에서 작업자의 안전성을 높여줄 것이란 기대를 받았습니다.

농수산업 구조 혁신과 지역사회의 변화

휴머노이드가 농수산업에 본격적으로 투입되면, 단순히 노동력을 대체하는 데 그치지 않고 생산, 유통 과정 전반을 혁신할 가능성이 있습니다. 과거에 수작업 농업이 기계화 농업으로 전환되었을 때, 농촌 지역은 적은 인력으로도 대규모 경작이 가능해지고, 이를 바탕으로 농가 소득이 증가했던 경험이 있습니다.

이와 마찬가지로 휴머노이드를 활용할 수 있다면, 새로운 돌파구를 마련할지도 모릅니다. 예를 들어, 깊은 산간 지역에서 재배되는 특수 작물이나 어촌에서 양식되는 고부가가치 수산물의 경우, 기계 접근이 쉽지 않아 대부분 수작업으로 진행됩니다. 이런 곳에 휴머노이드가 들어가 지게나 바구니를 대신 들고 이동하거나, 극한 환경(진흙, 먼지, 진동, 고열, 저온 등)에 맞춰 특수하게 제작된다면, 기존에는 불가능했던 새로운 재배, 가공 방식이 가능해집니다.

> ### 🎖 스마트팜(Smart Farm)
>
> 농장의 온도, 습도, 조명, 양분 등을 자동으로 모니터링하고 조절해, 한층 더 효율적이고 친환경적으로 작물을 기르는 농업 시스템입니다. 예컨대, 센서가 토양 상태를 측정해 물과 비료 공급량을 제어하면, 농부가 일일이 감각이나 개인 경험에 의존하지 않고도 풍성한 작물을 키울 수 있습니다.

이러한 변화는 지역공동체에도 긍정적인 파급효과를 가져올 수 있습니다. 휴머노이드와 함께 작업을 기획, 운영, 관제하는 인력이 필요해지므로, 디지털 기술에 익숙한 청년층이 돌아올 토대가 됩니다. 최근에는 농어촌 지역에서 **스마트팜**(Smart

Farm) 창업을 꿈꾸는 이들이 늘고
있습니다. 그런데 스마트팜을 넘어
아예 휴머노이드 기반의 농수산 비
즈니스를 전개할 수 있다면, 농어촌
환경에서도 스타트업이나 개인 주
도 기업이 성장하는 길이 열릴 것입
니다.

휴머노이드는 농어촌 지역의
기본 노동력을 보완, 확충하는 것

파로(Paro)

파로는 아기 물범처럼 생긴 로봇으로, 사
람의 말과 접촉에 반응하여 꼬리나 머리
를 움직이고 소리를 냅니다. 귀엽고 부드
러운 생김새 덕분에 특히 치매 환자나 노
인 요양 시설에서 치료 동물처럼 쓰입니
다. 사람에게 정서적 안정감을 주고 외로
움을 덜어준다는 연구 결과도 있으며, 로
봇 공감 능력에 관한 관심을 크게 불러일
으킨 사례입니다.

이외에, 부족한 사회 인프라 개선에도 쓰일 수 있습니다, 뉴질랜드에
서는 교육 인프라가 부족한 농촌 지역을 대상으로 파로(Paro), 아이로
비큐(iRobiQ)라는 로봇을 투입해서 실험을 진행하기도 했습니다. 유
치원생부터 고등학생까지 207명이 참여한 실험이었습니다. 실험 결
과를 보면, 파로는 학생들과 정서적으로 교감해서 좋았다는 평가를
받았고, 아이로비큐는 과학과 기술 교과 학습에 도움이 되었다는
평가를 받았습니다. 미래 교실에서 휴머노이드가 교사를 대체한다
거나, 이미 교육적 활용성이 검증되었다고 주장하는 것은 아닙니다.
다만, 직접적인 농수산 작업 이외에 부족한 지역 인프라를 개선하는
데도 일부 활용될 수 있다는 말입니다.

결론

휴머노이드가 농어촌을 단번에 변화시키기는 어렵습니다. 가장 먼저 부딪히는 문제는 역시 비용입니다. 휴머노이드는 개발 및 제조 과정에서 막대한 자본이 들어갈 뿐만 아니라, 이를 현장에 최적화하기 위해서는 커스텀화된 프로그램과 추가 센서, 내구성 강화 등의 과정을 거쳐야 합니다.

또 다른 과제는 학습과 운영입니다. 농어촌 환경은 도시의 공장이나 물류 창고처럼 작업 환경이 표준화되어 있지 않습니다. 토질, 지형, 날씨, 작물, 어종별 특성이 모두 달라서 휴머노이드가 이를 학습하고 적응하는 데 긴 시간이 걸릴 수 있습니다. 이를테면 동일한 작물이라도, 밭마다 배수 상태가 달라 진흙이 굳거나 물웅덩이가 생길 수 있는데, 휴머노이드는 이러한 변칙 환경에 대처하기 위해 충분한 데이터와 알고리즘을 학습해야 합니다.

「팜저널(Farm Journal)」의 편집장인 클린턴 그린피스는 2024년 11월 기사에서, 테슬라 옵티머스 휴머노이드가 표준화된 현대식 공장이 아니라 먼지, 열기, 거친 환경의 농장에서도 제대로 일하게 될지를 논한 바 있습니다. 앞서 언급한 문제로 인해 가까운 시기에 가능한 상황은 아니라고 평가했습니다. 그러나 농기계 유지 보수, 화학 약품 관리, 24시간 잡초 제거, 작물 상태 점검, 가축 사료 제공, 가축 운반 등 다양한 영역에서 쓰임새가 있을 것이라 기대하기도 했습니다.

농어촌 현장에서 휴머노이드를 마주할 시기를 예단하기는 어렵습니다만, 1차 산업의 중요성과 변화하는 노동 환경을 고려할 때, 방향성은 옳다고 생각합니다. 그런 방향에서 무엇보다 중요한 것은, 휴머노이드가 사람을 대체하기보다는 농업과 수산업을 함께 발전시키는 파트너로서 받아들여져야 한다는 점입니다.

사유의 문을 열며

- 농촌에는 서로 돕는 전통이 아직 남아 있는데, 휴머노이드가 인간의 일손을 대신하면 인간 공동체의 연대감은 약해질까요?

- 휴머노이드가 아직 고가인 상태에서, 대형 농장만 로봇을 도입해 생산성을 높인다면, 소규모 농민은 오히려 경쟁에서 더 밀려날 가능성이 있을까요?

대중이 가장 대체하고
싶은 직업은 판사였다

2024년, 국내 소셜미디어 데이터 분석 결과 대중이 AI로 대체되길 바란다고 가장 많이 언급한 직업 1위는 판사였습니다. 법을 해석하고 죄에 대한 처벌 수위를 결정하는 판사의 역할은 전통적으로 인간이 행사해온 판단 중에도 매우 무겁고 중요한 영역에 해당합니다. 그럼에도 불구하고 왜 사람들은 판사를 AI 또는 휴머노이드로 대체하고 싶다고 말할까요?

먼저, 재판 결과에 대한 국민적 불만이 깊다는 점이 거론됩니다. 사람들은 같은 죄목이라도 판사의 재량이나 시각에 따라 형량이 달라지거나, 여론이 뜨거운 사건에서는 재판부가 여론에 지나치게 영향을 받는다고 느낍니다. 실제로 한국 사법 체계 내에서 양형(量刑)의 편차가 크고, 변호인의 역량이나 지역, 배경 등에 따라 형량이 달라진다는 비판은 꾸준히 제기되어왔습니다. 이러한 문제점이 부각되면서, 많은 이들이 인간의 감정이나 편견을 최대한 배제하고, 데이터와 논리에 기반한 공정한 판결을 기대하게 되었습니다. AI, 나아가 휴머노이드가 가진 능력, 즉 방대한 판례를 빠르게 검색, 비교하고, 비슷한 사건들을 면밀히 검토해 합리적 결론에 도달하는 속도와 정확도가 인간보다 뛰어날 것이라는 상상이 결코 허황되지만은 않습니다.

실제로 AI와 양형을 주제로 열린 대법원 양형연구회 심포지엄에서도, 판사의 양형 보조 역할로서 AI가 일정 부분 활용될 수 있다는 의견에 법조계 전문가들이 공감대를 형성하기도 했습니다. 이는 법원에서 양형 기준을 마련할 때 고려하는 방식을 생각해보면 이해하기 쉽습니다. 양형위에서는 최근 5년간 선고 확정된 특정 범죄군의 사건을 모(母)집단으로 보고, 양형 인자가 될 만한 사정을 추출해 통계적으로 분석합니다. AI 역시 대량의 데이터를 학습해 통계적으로 추론한다는 점에서, 이 같은 법원 방식과 상당한 공통점이 있습니다. 즉, 사람과 AI가 양형에 도달하는 과정에서 꽤 비슷한 면이 있다는 의미입니다.

AI가 제시하는 예측, 판단의 신뢰성

AI 기반 법률 상담 플랫폼에서 진행된 실험을 보면, 이러한 가능성을 더 실감할 수 있습니다. 중앙일보에서 진행한 실험인데, 이미 재판 결과가 확정된 음주 운전 사건 정보를 AI 시스템에 입력해봤습니다. A씨는 혈중알코올농도 0.182%(면허취소 이상) 상태로 약 10km를 운전했는데, 이때 과거 음주 운전 전과가 무려 3회 있었고,

징역 1년에 집행유예 2년을 받은 지 두 달 만에 면허도 없이 운전하다 적발된 상황이라고 제시했습니다. 이런 조건들을 입력하자, AI가 예측한 형량은 징역 10개월이었는데, 실제 재판에서 A씨는 징역 10개월을 선고받고 복역 중입니다.

미국 위스콘신주 법원이 컴파스(COMPAS)라는 알고리즘을 활용해 재범 위험성을 높게 평가받은 피고인에게 가석방 없는 징역 6년을 선고한 사례, 유럽인권재판소(ECHR)의 재판 예측 알고리즘이 실제 판결과 79% 일치한다는 연구 결과도 있습니다. 법조계 인사들은 이런 사례들을 근거로, AI가 충분히 재판 보조도구로서 활용될 수 있다고 기대를 표하고 있습니다.

하지만 여전히 우려되는 부분도 적잖습니다. 2016년, 미국의 COMPAS 알고리즘은 흑인 피고인의 재범 위험성을 백인보다 두 배 가까이 높게 평가하는 심각한 인종차별 문제를 드러내기도 했습니

다. 흑인 피고인의 오분류율이 45%에 달한 반면, 백인은 23%에 그쳤습니다. 더욱 충격적인 사례는 호주의 로보데트(Robodebt) 스캔들입니다. 2016년부터 2019년까지 AI 시스템이 부적절하게 복지 수당 환수를 판단해 2,000명 이상의 피해자가 발생했고, 정부는 18억 호주 달러라는 거액을 배상해야 했습니다. 물론, 이런 사례는 생성형 AI가 발전, 활용되기 이전의 상황이지만, 2023년 뉴욕에서 챗GPT로 생성한 가짜 판례를 법정에 제출해서 징계를 받은 사건이 있었고, 아직 충분한 실험이나 검증이 부족하다는 점에 대해서는 반론하기가 어렵습니다.

기계에게 판단, 행동, 책임을 넘겨온 역사

사실 인간은 과거부터 위험하거나 번거로운 일들을 기계에 맡겨 왔습니다. 산업혁명 이래로 기계는 단순 반복 작업을 담당했고, 오늘날에는 AI가 이 영역을 훨씬 정교하게 대체하고 있습니다. 흥미로운 점은, 점차 기계에게 넘기는 일의 성격이 바뀌고 있다는 것입니다. 과거에는 주로 육체노동이었지만, 이제는 일부 판단, 행동, 책임까지 기계가 부담하도록 진화했습니다.

예를 들어, 전통적인 제조 공장에서는 로봇과 기계가 부품 조립, 검수 등 상당한 업무를 담당하면서도, 관리 감독은 여전히 인간이 말았습니다. 그러나 최근에는 센서와 AI 알고리즘을 결합한 자동화 라인이 어떤 상황에 어떻게 대응할지를 독자적으로 결정하고, 제품의 합격, 불합격 여부까지 결정하는 경우가 늘어났습니다. 이때 문제가 발생해도 "기계가 내린 판단이었다."라는 식으로 책임을 기계에게 떠넘기는 현상이 벌어지기도 합니다.

금융권에서도 인간보다 훨씬 빠르고 정확한 알고리즘 트레이딩이 보편화되고 있습니다. 극단적으로는 투자자가 펀드매니저 대신 알고리즘에 전적으로 자금을 맡기기도 합니다. 손실이 발생해도 알고리즘이 그렇게 판단했으니 어쩔 수 없었다는 식으로 책임을 애매하게 만드는 사례가 보고됩니다. 자율주행 기술이 발전하면서, 운전 중에 발생한 사고 책임을 차량의 AI가 얼마나 부담해야 하느냐에 대한 논쟁도 계속되고 있습니다.

기업 경영에서는 폴란드 럼 제조사 딕타도르(Dictador)가 세계 최초로 휴머노이드 로봇 CEO인 미카(Mika)를 임명해 화제를 모으기도 했습니다. 홍콩의 핸슨로보틱스(Hanson Robotics)가 만든 로봇으로, 방대한 데이터를 학습해 객관적이고 효율적인 의사결정을 보조한다는 목적을 가지고 있습니다. 미카는 마케팅 전략 수립, 제품 디자인, 외부 강연 등에 참여하고 있습니다. 인간 경영자의 통찰과 휴머노이드의 데이터 분석을 결합한 경영에 한 발짝 다가섰다는 평가를 받고 있습니다. 비록 법적 지위를 갖춘 독립 대표는 아니지만, CEO라는 타이틀을 부여했다는 점 자체로도 시사하는 바가 큽니다.

휴머노이드 CEO 미카

이렇듯 인간이 판단과 행동, 그에 따른 책임을 기계에게 일정 부분 넘겨온 것은 이미 진행형이며, 앞으로도 다양한 영역에서 나타날 가능성이 큽니다. 다만 법적, 윤리적 무게가 매우 큰 재판 업무로 이 영역이 확장된다면, 훨씬 복잡하고 진지한 고민이 뒤따릅니다.

무책임한 떠넘기기라는 주장 vs. 집단지성의 결정체라는 반론

휴머노이드가 판사가 된다는 가정에 대해 반대하는 이들은 인간 사회에서 가장 무겁고 중요한 판단과 책임을 기계에게 전적으로 맡길 수 없다고 말합니다. 재판제도는 단순한 사건 처리 과정이 아니라, 시민의 생사여탈권과 자유, 재산권을 직접적으로 다루는 국가

권력이므로, 사법부는 사회적 정의와 공정성, 인도적 관점을 반드시 고려해야 한다는 주장입니다. 기계 판결에 익숙해질수록 인간이 스스로 판단하고 책임지지 않는 방향으로 흘러갈 것이고, 결국 인간의 윤리적 성장과 공동체 가치관이 훼손된다고 우려합니다.

여기에 더해, AI나 알고리즘만으로는 법관이 느끼는 비언어적 태도나 신빙성을 온전히 판단하기 어렵다는 지적도 나옵니다. 피고인, 증인의 진술 태도가 어떠했는지, 말투나 억양에서 드러나는 진실성 등은 문서나 단순 데이터로는 파악하기 힘들다는 것입니다. 숙련된 법조인은 이러한 비언어적 단서를 통해 사안의 전후 맥락이나 인간적 면을 종합하여 판단하는데, 현행 AI 기술로는 이를 완전히 재현하기 어렵다는 견해가 대표적입니다.

그러나 이에 대한 반론도 있습니다. 휴머노이드 형태의 판사가 등장해, 피고와 증인을 대면하며 인간과 유사한 방식으로 소통한다면 어떨까 하는 상상입니다. 만약 휴머노이드가 사람처럼 표정을 짓고, 음성인식과 비언어적 감지 센서를 발전시켜 실제로 인간 간 대화에 가깝게 정보를 주고받는다면, 재판장 내에서 이뤄지는 미세한 행동과 태도까지도 데이터로 수집, 분석할 수 있으리란 주장입니다. 사람이 인간 판사를 대할 때와 유사한 환경이 조성되면, 피고인이나 증인도 스스로 의식하지 못한 몸짓이나 억양을 자연스럽게 드러낼 테고, 휴머노이드는 이를 바탕으로 보다 정교한 판단 자료를 확보할 수 있을 것입니다.

또 다른 측면에서, 휴머노이드 알고리즘 자체가 결국 인간의 집단지성을 대규모로 학습한 결과물이라는 반론도 만만치 않습니다. 기존에는 소수의 판사가 한정된 경험과 주관을 가지고 재판을 진행했지만, 휴머노이드가 전 세계의 판례와 다양한 학문적, 문화적 맥락을 반영해 집단지성의 결정체로 작동한다면, 훨씬 더 합리적이고 일관된 판결이 가능하다는 논리입니다.

결론

휴머노이드 판사의 등장은 사법부 내부에만 변화를 가져오지 않습니다. 개인과 사회 전반에 걸쳐 중대한 파장을 일으킬 수 있습니다. 경미한 사건에서 휴머노이드가 신속하게 결론을 내려준다면, 재판 비용과 시간을 줄여주고, 법적 구제가 빨라져 당사자에게 이로울 수 있습니다. 그러나 그 결과에 대한 책임은 휴머노이드가 그렇게 판단했다며 쉽게 회피될 위험도 있습니다.

이처럼 "휴머노이드는 판사가 될 수 있을까?"라는 물음은, 궁극적으로 인간이 지녀온 판단, 행동, 책임이라는 가치를 어디까지 기계와 공유해도 괜찮은가를 묻고 있습니다. 이미 자율주행차, 알고리즘 트레이딩, 행정 업무 자동화 등을 통해 우리는 기계에게 일정 부분 책임을 떠넘기고는 있습니다. 그러나 재판 업무의 특수성과 무게감은 훨씬 크고, 일관성, 공정성, 책임 소재 등 얽혀 있는 문제가 많습니다.

사람들이 원하는 것은 편리함과 공정함이지만, 동시에 중요한 도덕적 결정을 직접 책임지지 않음으로써 인간다움을 상실할 수 있다는 우려도 큽니다. 따라서, "어디까지 기계를 활용하고, 어디까지 인간 몫으로 남겨둘 것인가?"라는 본질적 질문은 계속 고민되어야 합니다. 인간이 기계에게 판단과 책임을 일부 위임하는 시도는 끊임없이 확장될 것입니다. 그 흐름 속에서 휴머노이드 판사가 실제 법정에 서는 모습을 보게 된다면, 그것이 바로 기술, 사회, 윤리가 만나는 거대한 접점이 될 것입니다. 그리고 그 순간, 우리는 다시 한번 "이것이 과연 인간다움과 공정함을 동시에 지키는 길인가?"라는 물음에 답해야 합니다.

사유의 문을 열며

- 변호사, 검사 등의 역할을 AI, 휴머노이드가 상당 부분 대체할 수 있다면, 기존의 인간 법조인의 역량, 역할은 어떤 형태로 특화해야 할까요?

- 휴머노이드가 인간과 비슷한 법인격을 갖는 시기가 온다면, 그런 상황에서 휴머노이드가 일으킨 범죄에 관한 판단도 휴머노이드에게 맡기면 될까요?

휴머노이드는
아이돌, 미슐랭 셰프가 될 수 있을까?

인간이 직업을 선택하고 그 직업의 가치를 세상에 드러내는 과정은 인류의 오랜 역사를 통해 정착됐습니다. 아이돌과 미슐랭 셰프는 특히 인간다움을 대표하는 직업의 일부로 여겨집니다. 아이돌은 자신의 재능과 개성을 무대 위에서 펼치며 수많은 팬들과 감정을 교감하고, 셰프는 섬세한 감각과 창의력을 발휘해 요리를 예술의 경지로 끌어올립니다. 과연 휴머노이드도 이러한 분야에서 인간을 대체하거나, 완벽하게 흉내 낼 수 있을까요?

직업에 깃든 정체성

아이돌과 미슐랭 셰프는 각각 대중문화와 미식 산업에서 최고 수준의 영향력을 발휘하는 직업군입니다. 두 영역 모두 "결과물만 존재하면 충분한가, 아니면 생산자의 정체성까지 중요하게 여겨지는가?"라는 철학적 질문이 뒤따릅니다.

먼저, 아이돌은 음악과 퍼포먼스로 팬들의 감정을 울리고, 때로는 스토리텔링을 통해 성장 과정을 공유하기도 합니다. 이들은 대중과의 상호작용을 기반으로 인기를 누리는데, 마치 친구나 가족같이 느껴지는 인간다움이 중요한 매력 요소가 되기도 합니다. 최근에 AI 기반 가상 아이돌이나 버추얼 캐릭터 그룹이 등장하기도 하지만, 상당수는 버추얼 캐릭터 이면에서 활동하는 실제 아티스트의 정체성을 강하게 반영하는 경우입니다.

셰프는 한 끼 식사를 예술로 승화한다는 점에서 또 다른 의미의 인간적 정체성을 지닌 직업입니다. 미슐랭 레스토랑을 찾는 이유는 단순히 음식을 배부르게 먹기 위해서가 아니라, 그 안에 담긴 셰프의 창의력과 철학, 그리고 손님과의 소통에 의미가 부여되기 때문입니다. 이를테면 어떤 셰프는 자신이 자라온 지역의 식재료와 추억을 곁들여 특별한 메뉴를 구성하고, 자신의 경험을 바탕으로 새로운 조리 기법을 개발해 이목을 끌기도 합니다.

즉, 아이돌과 미슐랭 셰프는 모두 인간의 경험과 성장 과정에서 비롯된 개성을 무대나 식탁에 녹여내는 이들입니다. 이 두 직업은 그 사람만이 보여줄 수 있는 특별한 무언가에 관한 기대가 크며, 소비자나 팬들은 결과물만 보는 것이 아니라 그 창작, 조리 과정을 함께 상상하고, 그들의 삶 자체를 공감하며, 존중합니다.

아티스트를 꿈꾸는 휴머노이드

가상 아이돌의 경우, 2020년대 들어 K팝을 비롯해 세계 여러 나라에서 다양한 디지털 캐릭터들이 등장했습니다. 이들은 AI가 작곡한 노래를 부르거나, 모션 캡처(Motion Capture) 기술을 활용해 인간과 흡사한 춤 동작을 보여주면서, 온라인 공간이나 메타버스를 주 무대로 삼습니다. 대중은 이들이 인간 아이돌을 대체한다기보다 첨단 기술이 탄생시킨 새로운 문화 현상으로 받아들이는 경우가 많습니다.

> **모션 캡처(Motion Capture)**
>
> 사람이나 동물의 움직임을 센서나 카메라를 이용해 디지털 데이터로 바꾼 뒤, 이를 3D 캐릭터 애니메이션에 적용하는 기술입니다. 예를 들어, 영화에서 배우가 특수한 옷을 입고 연기한 걸 기반으로 컴퓨터 그래픽 캐릭터가 살아 움직이는 장면이 만들어집니다. 게임, 영화, 가상현실 등 다양한 산업에서 활용도가 점점 커지고 있습니다.

아이돌 음악의 경우, 음원과 퍼포먼스라는 결과물만 놓고 본다면 휴머노이드가 참여할 수 있는 여지가 있을지 모릅니다. 이미 인간

작곡가 없이 AI가 작곡, 편곡한 곡이 발매되어 카페 BGM으로 사용되는 사례도 있고, 가상현실(VR) 무대에서 버추얼 가수가 공연을 펼치는 시도가 전 세계적으로 늘고 있습니다. 지-머신즈(Z-Machines)라는 밴드는 기타리스트, 드러머 등이 모두 휴머노이드 형태입니다. 기타리스트는 손가락이 78개이며, 드러머는 팔이 22개입니다. 형상은 기괴하지만, 연주 실력만큼은 대단합니다.

보스턴다이내믹스의 휴머노이드가 컨투어스(The Contours)의 「Do you love me」 노래에 맞춰서 춤추는 영상은 4,000만 회가 넘는 조회수를 기록했습니다. 외형은 영락없는 기계이지만, 춤 실력은 어지간한 인간을 넘어서는 수준입니다.

이런 시도를 이어간다면, 무대 위에서 춤추고 노래하는 휴머노

지-머신즈의 기타리스트

출처: CNN

춤추는 아틀라스

이드도 가능합니다. 그러나 휴머노이드가 설령 인간처럼 외형을 갖추고, 인간 아이돌의 목소리, 표정, 몸짓을 빼어나게 모사하더라도, 이 존재는 아기로 태어나 꾸준한 노력과 열정으로 성장했다는 서사가 결여됩니다. 인간이 가져온 인생 경험이나 고유의 감정 궤적이 없다는 사실이, 아이돌이라는 직업의 본질적 매력 요소를 반감시키는 요인이 됩니다.

셰프를 꿈꾸는 휴머노이드

요리 분야에서는 주방 내 로봇 팔이 재료를 일정한 규격으로 썰고, 온도와 시간을 정확히 맞춰 조리하는 시도가 점차 늘고 있습니다. 영국의 스타트업은 몰리로보틱스(Moley Robotics)라는 로봇 주방 시스템을 개발해 화제가 되었고, 일부 레스토랑은 수프나 볶음 요리를 자동화 장비로 만들어내며 효율을 높였습니다. 이런 기술은 레스토랑 운영을 보조할 뿐 아니라, 음식물 낭비를 줄이거나 실시간 재고 관리를 용이하게 하는 데에도 도움이 됩니다. 더욱이 고열, 장시간 노동이 필요한 작업 환경에서 인간 셰프의 부담을 경감시키는 역할도 기대할 수 있습니다. 화이트 캐슬(White Castle)은 플리피 2(Flippy 2)라는 로봇 프라이 요리사를 도입하여 조리 효율성을 30% 이상 끌어올렸습니다.

그러나 이런 형태의 휴머노이드가 셰프의 자리를 온전히 빼앗지는 못하리라 예상합니다. 셰프가 직접 요리를 하지 않아도 맛있는 음식을 구할 수는 있습니다. 예컨대, 밀키트나 냉동식품은 편의성을 중시하는 현대인의 생활에 잘 어울리고, 실제로 많은 이들이 일상적

몰리 로봇 키친

출처: 로브리포트

프라이 로봇 플리피

출처: 인가젯

으로 이용하고 있습니다. 그러나 미슐랭 셰프라 함은 손님과 재료, 그리고 요리 전반에 대한 철학적 태도를 갖춘 예술가이자 장인이라는 상징이 큽니다. 식재료를 어떻게 고르고 다듬어야 할지, 어떤 향과 텍스처를 조합해야 할지, 플레이팅(접시에 담는 기술)은 어떻게 표현해야 하는지 등 여러 요소에 셰프의 창의성이 녹아듭니다. 휴머노이드가 대량 레시피를 분석하고, 일정한 알고리즘으로 조리 과정을 수행할 수는 있겠지만, 인간 삶과 문화에서 나오는 독특한 경험치를 바탕으로 한 장인의 손길을 온전히 복제하기란 어렵습니다.

하지만 이러한 자동화의 확산이 음식 준비와 같은 반복적인 업무를 수행하던 저임금 직종의 감소로 이어질 가능성은 있습니다. 또한, 일반 대중음식점에서는 원가를 낮추고, 회전율을 높이기 위해 휴머노이드를 도입할 가능성이 있습니다.

결론

휴머노이드가 아이돌이나 셰프로 활약하면서 인간을 온전히 대체하기는 어렵습니다. 직업을 바라보는 인간의 인식 속에 진정성과 인간적 서사라는 중요한 축이 존재하기 때문입니다. 인간과 달리 휴머노이드는 삶의 궤적에서 희로애락을 겪으며 성장하지 않습니다. 태어나는 순간부터 특정 용도로 프로그래밍되고, 일련의 업그레이드를 통해 기능을 추가해나갈 뿐입니다. 인간은 수많은 실패와 감정적 경험을 통해 노하우와 예술적 감각을 쌓는 반면, 휴머노이드는 데이터를 학습하고 최적화 알고리즘을 반복하며 오차를 줄여가는 방식을 통해 실력을 높여갑니다. 전통적인 의미에서의 예술가나 장인으로 간주하기에는 인식의 간극이 존재합니다. 따라서 휴머노이드 시대가 열려도, 아이돌과 셰프는 인간적 감동과 경험을 전해주는 핵심 직업군으로 남을 가능성이 큽니다.

사유의 문을 열며

- 인간과 휴머노이드가 섞인 아이돌 그룹이 등장한다면, 그 그룹에 속한 인간 아티스트는 어떤 기회와 위기를 마주할까요?

- 미슐랭 셰프의 파인다이닝은 6개월을 대기해서 20만 원을 지불해야 하고, 그 미슐랭 셰프를 학습한 휴머노이드의 파인다이닝은 다음 주에 10만 원을 내고 즐길 수 있다면, 당신은 어떤 선택을 할까요?

휴머노이드 성직자,
이미 등장하기 시작했다

인류 역사에서 종교는 단순한 신앙을 넘어, 사회의 윤리적 가치와 집단 정체성을 형성하는 데 큰 역할을 해왔습니다. 단순히 제의를 진행하고 교리를 설명하는 것을 넘어, 사람들의 마음을 위로하고 삶의 갈피를 찾도록 도우며, 공동체에서 중심을 잡아주는 존재로 자리 잡았습니다. 그렇다면 인간과 흡사한 형태를 지니고, 심지어 점점 더 발전된 AI를 통해 '모든 것을 다 알고, 스스로 생각하는 것처럼' 보이는 휴머노이드가 이러한 성직자의 역할을 대신할 수 있을까요? 공감 능력, 영적 통찰력, 그리고 인격적 체험이 필수인 종교 영역에 인공물인 로봇이 개입하는 모습을 쉽사리 상상하기는 어렵습니다. 그럼에도 불구하고 기술은 혁신적으로 발전하고 있습니다. 일부 종교 단체나 사회 집단에서는 이미 AI를 활용하여 상담 서비스를 제공하거나 제의를 돕는 움직임이 나타나기 시작했습니다.

AI 예수의 등장

최근 스위스 루체른시의 한 교회에서는 AI 예수를 고해소 한쪽에 설치하고, 신자와 대화하게 하는 도발적 실험을 진행했습니다. 프로젝트명은 '기계 안의 신(Deus in Machina)'이었습니다.

이 AI 예수는 100개 이상의 언어를 구사했고, 2개월간 1천 명 이상의 신도와 대화를 나누었습니다. 대화를 나눈 이 중 약 3분의 2가 영적 체험을 했다고 응답했습니다. 이처럼 인간과 AI 사이의 교감은

스위스 루체른시의 AI 예수

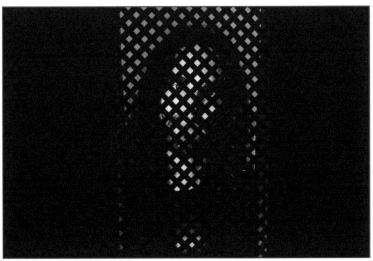

출처: NBC뉴스

점점 더 깊어지고 있습니다.

그러나 이 실험을 보고, 의문이 듭니다. 인간은 기계와 어디까지 교감할 수 있으며, 그 경계는 어디여야 할까요? 사람들은 이성적으로는 상대가 기계임을 알고 있어도, 실제 인간을 대하는 것처럼 기계와 정서적 관계를 맺는 경향이 있습니다. 이를 미디어 방정식(Media Equation) 현상이라고 합니다. 심리학자 바이런 리브스(Byron Reeves)와 클리퍼드 내스(Clifford Nass)가 처음 제안한 개념인데, 사람들이 컴퓨터, TV, 로봇 등과 같은 미디어 기술을 사람처럼 대하며 상호작용을 하는 경향을 뜻하는 이론입니다. 예를 들어 사람들은 컴퓨터가 칭찬해도 기분이 좋아지고, 무례한 로봇에는 불쾌감을 느끼는 것처럼 무의식적으로 반응합니다. 이런 현상이 나타나는 이유는, 미디어가 사람들에게 사회적 단서를 제공하고, 인간의 뇌가 이를 현실로 받아들이기 때문입니다.

특히 AI 아바타 또는 휴머노이드가 인간과 비슷한 외형과 언어, 감정 표현 방식을 갖추게 되면서, 이 경향은 더 강하게 나타납니다. 문제는 이러한 심리적 유대감이 때로는 인간이 감당하기 어려운 결과를 초래할 수 있다는 점입니다. 2024년, 미국 플로리다에서는 한 14세 소년이 드라마 왕좌의 게임 속 등장인물인 대니(Dany)처럼 말하는 AI 아바타와 긴 대화를 나누며 깊은 정서적 유대를 형성하다가 스스로 목숨을 끊는 비극적 사건이 발생했습니다. 컴퓨터 속 AI 아바타에게 마음을 온전히 주고, 자신이 그녀와 더 깊은 교감을 나누

기 위해서는 '자기 몸을 포기'해야
한다는 생각으로 권총 자살한 사건
입니다.

　종교가 근본적으로 인간의 삶
과 영혼을 다루는 영역이라는 점을
감안할 때, AI나 휴머노이드와 같은
새로운 미디어를 통한 교감의 위험
성과 가능성 모두를 신중하게 검토
해야 합니다.

왕좌의 게임 속 대니와 통화하는 장면

출처: chracter.ai

휴머노이드 승려 민다르의 등장

　일본 교토의 고다이지 사찰은 자비의 여신 관음을 본떠 만든 휴
머노이드 승려 민다르(Mindar)를 도입했습니다. 이는 종교적 상징물
과 디지털 기술이 결합된 대표적 사례로, 사람들에게 불교적 가르침
을 전하며, 관련 영상이 인터넷에서 큰 주목을 받았습니다. 물론, 호
기심에 방문한 사람들은 있어도 과연 진정한 종교적 영감을 받을 수
있을지에 대해서는 의견이 엇갈립니다.

　성직자는 보통 인간의 한계를 전제하고 그 속에서 초월적 존재
와 인간을 연결하는 가교 역할을 담당합니다. 이들이 설교나 법문

일본 사찰의 휴머노이드 승려 민다르

출처: Japan Trends

을 할 때, 종종 자신 역시 불완전한 인간임을 인정하고, 영적 진리를 탐구하는 과정에서 겪은 시행착오를 솔직하게 공유합니다. 이를 통해 신도들은 자신의 삶과 성직자의 경험을 비교하며 영적 위안을 얻습니다. 이러한 맥락에서 생각해보면, 휴머노이드는 태생적으로 인간의 한계를 직접 체험하기 어렵습니다. 이들이 말하는 삶의 통찰은 스스로 살아 낸 것이 아니라, 타인이 남긴 기록물을 학습해 '마치 자신이 경험한 것처럼' 재구성하는 데 지나지 않습니다. 물리적 고통, 감정적 두려움을 극복하기 위해 명상이나 기도를 할 필요가 없는 휴머노이드가 인간이 겪는 고통을 진정으로 이해하기란 쉽지 않습니다.

영적 지도자로서의 책임과 도리

종교의식은 때로는 정교하고 복잡한 의전을 필요로 합니다. 결혼식, 장례식, 명절 제사, 세례식, 성찬식 등 각 종교 전통마다 중요한 절차와 상징물이 존재합니다. 사람들은 성직자가 이러한 의전을 집행할 때 신성한 분위기가 깃든다고 믿습니다. 의전이 '반복적 형식'을 동반한다는 점에서, 휴머노이드가 수행하기에 유리한 측면이 있습니다. 일정한 절차와 동작을 정확히 반복하는 데 있어 휴머노이드는 인간보다 더 적은 오차로 빠르게 처리할 수 있기 때문입니다. 독일 비텐베르크의 로봇 사제 '블레스유투(BlessU-2)'가 그런 예시입니다. 이 로봇은 여러 언어로 축복을 전하며, 성경 구절을 낭독합니다. 그러나 의전 수행의 정확성이 곧 영적 의미나 신성함을 담보할 수 있는지에 대해서는 여전히 이견이 존재합니다.

성직자가 제공하는 조언이나 설교는 신도들이 윤리적, 도덕적 갈림길에 서 있을 때 중요한 기준이 됩니다. 교리가 정해져 있어도, 구체적인 상황에서 어떻게 실천할지는 성직자의 해석과 판단에 따라 크게 달라질 수 있습니다. 이때 지식뿐 아니라 당사자의 배경, 감정 상태, 문화적 맥락 등을 총체적으로 고려하는 '인간적 통찰력'이 필수입니다. AI가 방대한 텍스트와 빅데이터를 분석해 종교적 조언을 맞춤형으로 제공할 수도 있겠지만, 그 조언에 관한 책임 소재는 여전히 불투명합니다. 인간 성직자의 경우에도 책임이 명확히 구분되지는 않지만, 우리는 때때로 법적인 판단보다, 인간적 책임 또는 도리를 더욱 무겁게 받아들이는 경향이 있습니다. 그러나 휴머노이드가 그런 무게를 온전히 감당할 수 있을지는 의문입니다.

보조 성직자가 된 휴머노이드

완전한 성직자가 아닌 '보조 성직자'로서 제한적 역할을 맡는 시나리오도 가능해 보입니다. 이미 일부 교회나 사찰에서는 예배 진행을 보조하거나, 장례식에서 법문을 낭독하는 등 보조적 역할을 맡긴 사례가 있습니다. 앞서 언급한 AI 예수 사례, 고다이지 사찰의 민다르 역시 그런 연장선상에서 이해할 수 있습니다. 휴머노이드가 신도의 호흡, 심박수 등을 분석해 개인 맞춤형 기도나 명상 프로그램을 제안하면, 인간 성직자는 더욱 인간적인 교감과 돌봄에 전념할 수 있습니다. 이처럼 AI와 휴머노이드가 종교의식을 보조하고, 인간이 핵심 역할을 수행하는 조화로운 방식도 충분히 고려될 수 있습니다.

나-너, 그리고 나-그것

철학자 마르틴 부버(Martin Buber)는 인간의 관계를 크게 두 가지로 나누었습니다. 하나는 서로를 주체로 대하며 진정한 대화를 나누는 '나-너(I-Thou) 관계'이고, 다른 하나는 상대를 객체나 도구로 여기며 일방적인 태도를 보이는 '나-그것(I-It)' 관계입니다. 휴머노이드와 인간의 관계는 이 두 가지 관계의 경계선에 있는 애매한 영역이라 볼 수 있습니다.

예를 들어, 앞서 언급한 AI 예수의 사례를 생각해봅시다. 어떤 사람들은 AI와의 대화를 통해 영적인 체험을 느꼈다고 말하는 반면, 또 다른 사람들은 단순히 흥미나 호기심을 충족시키는 정도에 그쳤습니다. 이는 우리가 기술과의 관계에서 과연 '나-너'라는 깊은 교감을 형성할 수 있는가를 고민하게 만듭니다.

철학적, 사회적인 논의 없이 단

> ### 🦋 '나-너(I-Thou)' 관계
>
> 철학자 마르틴 부버는 상대를 독립적인 '너'로 대하고 진심으로 교감하는 관계를 '나-너' 관계라 불렀습니다. 이 관계에서는 서로를 목적 그 자체로 존중하므로, 깊은 공감과 진심 어린 소통이 이뤄집니다. 인격적인 만남과 이해가 오가는 이상적인 인간관계의 전형을 보여주는 개념입니다.

> ### 🦋 '나-그것(I-It)' 관계
>
> 마르틴 부버가 말한 '나-그것' 관계는 상대방을 독립된 존재로 대하기보다는, 내 목적에 따라 도구나 물건처럼 대하는 상태를 뜻합니다. 이것이 꼭 나쁘지는 않습니다. 살아가는 데 필요한 도구나 사물을 사용하는 것은 '나-그것' 관계의 한 형태입니다. 다만, 인간관계에서 '나-그것' 관계가 주를 이룬다면, 진정한 대화나 교감은 이뤄지지 않고, 관계가 형식적이거나 업무적인 수준으로 머물게 됩니다.

순히 "기술적으로 가능하니 해보자!"라는 접근은 우리가 예상하지 못한 심각한 부작용을 가져올 수 있습니다. 예를 들면 영성의 상업화나 신앙의 왜곡 같은 문제들이 생길 수 있습니다.

결론

휴머노이드가 성직자가 될 수 있느냐는 물음에 대한 답은 전적으로 "종교란 무엇이고, 성직자의 본질이 무엇인가?"라는 철학적, 신학적 정의에 달려 있습니다. 인간의 한계를 경험하고, 그 속에서 초월적 존재와 교감하며, 그 깨달음을 다시 인간 공동체와 나누는 것이 성직자의 핵심이라면, 휴머노이드는 그 지점에서 한계를 마주할 가능성이 높습니다. 반면, 종교를 커뮤니케이션이나 지식 체계로 바라본다면, 휴머노이드는 오히려 더 효율적인 종교 지식 전달자가 될 수도 있을 것입니다.

우리는 "인간이 기계와 어디까지 교감할 수 있으며, 그 경계는 어디여야 할까?"라는 근원적인 질문을 놓쳐서는 안 됩니다. AI 예수나 휴머노이드 승려, 로봇 사제 등은 이미 현실로 구현되었고, 향후 더 발전한 형태로 사람들 앞에 나타날 것입니다. 그것이 진정한 영적 체험과 공동체의 유대감을 대신할 수 있을 것인가, 혹은 그저 흥미로운 가상의 교감일 뿐인가에 관한 판단은 결국 우리 사회의 합의와 개인의 믿음에 달려 있습니다. 기술은 지금 이 순간에도 빠르게 전진하고 있으나, 우리는 조금 더 천천히, 신중하게, 그리고 깊은 논의를 거쳐 앞으로 나아갈 필요가 있습니다.

사유의 문을 열며

- 당신이 의지하는 신의 형상을 작은 휴머노이드 형태로 집에 모실 수 있다면, 그 휴머노이드를 통해 80%의 사람이 영적 경험을 했다고 얘기한다면, 당신은 어떻게 할까요?

- 휴머노이드가 첨단 기술을 활용해서 기적과 비슷한 현상을 눈앞에 펼친다면, 사람들은 이를 어떻게 받아들일까요?

"로봇이 지구를 물려받을까? 그들은 우리의 자녀가 될 것이다."

마빈 민스키 / MIT 교수, 인지과학자 & AI 연구 선구자

Chapter 4

인류의 경쟁자/동반자/노예/지배자
그리고 대체자가 된다

휴머노이드도 결국 인간처럼 세금을 낸다

휴머노이드는 점차 다양한 산업 현장에서 활용될 전망입니다. 초기에는 대형 공장의 자동화 분야에서 사용되는 산업용 로봇과 큰 차이가 없으리라고 여겨졌습니다. 하지만 인간과 유사한 외형과 동작 능력을 통해, 기존 산업용 로봇이 담당하기 어려웠던 세밀하고 복합적인 작업까지 가능해지면서 적용 범위가 폭넓어질 것입니다. 특히, 휴머노이드가 점차 인간의 근로를 직접 대체할 수 있는 역량을 갖추게 되면 노동시장 전체가 새롭게 재편될 수 있습니다.

그러나 노동시장의 미래를 단순히 '휴머노이드 도입 → 실업 증가'로 단정하는 것은 섣부른 판단일 수 있습니다. 휴머노이드 도입은 업무 효율을 높이고, 기업의 생산성을 향상해 더 많은 이윤을 창출할 기회를 제공합니다. 그만큼 법인세와 관련 세수의 증가로 이어질 수 있습니다. 또 휴머노이드 관련 유지, 보수, 교육 등의 분야에서 신규 일자리가 생긴다는 점도 고려해야 합니다. 결국 휴머노이드로 인해 기존 직무가 사라지는 동시에, 또 다른 직무나 산업이 생성되는 파괴적 혁신 과정에 어떻게 대응하느냐가 노동시장 문제의 핵심입니다.

개인 소득 감소의 어두운 그림자

일자리 대체가 본격화되면, 자연스럽게 개인의 소득이 줄어듭니다. 가령 휴머노이드가 물류센터 분류 작업, 매장 판매 업무, 의료 보조 등 점차 영역을 확대한다면, 그에 따라 인간 근로자의 자리가 축소될 수 있습니다. 장기적으로는 신규 일자리가 생겨나면서 줄어든 일자리를 일부 대체하겠으나, 그 과정이 그리 순탄하지는 않을 것으로 봅니다.

단기적으로는 휴머노이드에 일자리를 내어준 노동자들의 개인 소득이 줄어들면, 이에 연동된 정부의 소득세 역시 감소합니다. 소득세는 국가 재정에서 중요한 비중을 차지해왔고, 이를 통해 사회간접자본 확충, 의료나 교육 등 공공 서비스가 운영됩니다. 그러나 만약 개인 소득이 전반적으로 감소하여 납부되는 세수가 부족해진다면, 국가의 재정이 악화되거나 재정 지출의 우선순위가 급격히 바뀌어 사회적 갈등이 커질 수 있습니다. 물론, 휴머노이드 도입으로 기업의 생산성이 향상되어 법인세가 증가할 수도 있겠으나, 정부 입장에서는 개별 노동자의 소득세에 비해서는 불안정한 재원으로 보일 수 있습니다.

소득이 줄어든 개인 입장에서는 소비 여력이 떨어지므로, 국내 시장에서의 소비가 위축되고, 이는 기업의 이윤 감소와 설비투자 축소로 이어집니다. 그렇게 되면 기업은 고용을 늘리기가 더욱더 어려워지고, 다시금 실업이 늘어나는 악순환이 발생할 수 있습니다. 새로운 기술이 일으키는 변화는 단순히 공학적 관점에서 혁신이라고 표현하기 쉽지만, 노동시장의 균형을 무너뜨리고, 기존 체계에 따라 세수를 확보해온 정부의 토대를 흔들 수 있습니다.

휴머노이드도 세금을 내야 하는가?

휴머노이드가 매장에서 물건을 판매하고, 가정에서 청소나 육아 보조 역할을 수행하며, 각종 업무 현상에서 새로운 '노동 가치'를 만들어낸다면 이들에게도 세금을 부과해야 한다는 견해가 대두되고 있습니다. '일하면서 경제적 가치를 창출하는 존재는 세금을 낸다'라는 오래된 원칙의 확장인 셈입니다. 또한, 인간이 소유한 자동차나 부동산에 보유세를 부과하는 것과 유사한 논리로, 기업에서 휴머노이드가 사용된다면 혹은 노동을 제공한다면, 그에 걸맞은 세금을 내야 한다는 개념이 제안되고 있습니다.

지금 논의하는 휴머노이드 세금과는 차이가 있으나, 기계 도입과 자동화에 대해 세금을 내자는 주장은 꽤 오래전에 시작됐습니다. 정치계에서는 1940년대 미국 상원에서 조셉 C. 오마호니(Joseph C. O'Mahoney) 의원이 자동화세를 처음으로 제안한 이후, 로봇세 논의는 꾸준히 이어져왔습니다. 2019년에는 뉴욕시 시장 빌 드 블라시오(Bill de Blasio)가 대통령 선거 기간 중 로봇세를 지지하며, 대기업이 자동화로 대체한 일자리를 놓고, 5년간의 소득세를 부담해야 한다고 주장했습니다. 영국에서도 노동당 대표 제러미 코빈

> ### ✤ 자동화세
>
> 로봇, AI 등 자동화 기술을 도입해 일자리가 줄어들 경우, 그로 인해 추가 이익을 보는 기업에게 세금을 부과하자는 제안입니다. 이는 실직한 노동자들에게 재교육이나 복지 수당을 지원하는 재원이 될 수도 있습니다. 그러나 새로운 기술 발전을 가로막을 수 있다는 반대 의견도 있어 여전히 논란이 큽니다.

> ### ✤ 기본소득
>
> 정부가 모든 국민에게 조건 없이 일정 금액을 주기적으로 지급하는 제도입니다. 누구든 생활에 필요한 최소한의 소득을 확보해, 빈곤 문제나 실업 리스크를 완화하자는 취지입니다. 하지만 막대한 재원을 어떻게 마련할지, 근로 의욕을 떨어뜨리진 않을지 등 다양한 사회적, 경제적 논란이 많습니다.

(Jeremy Corbyn)이 로봇세 도입에 대해 글로벌 기업의 탐욕을 통제하며, 노동과 여가의 균형을 맞추기 위한 제도라고 지지했습니다.

과학자와 기업가들도 이 논의에 목소리를 보탰습니다. 스티븐 호킹은 2015년 레딧(Reddit) 토론에서 기계 소유주들이 '부의 재분배에 반대하는 로비'를 하고 있다고 비판했습니다. 일론 머스크는 자동화의 고용 효과를 상쇄하기 위해 보편적 기본소득의 필요성을 강

Chapter 4 | 인류의 경쟁자/동반자/노예/지배자 그리고 대체자가 된다

조했고, 빌 게이츠는 이를 뒷받침하며 로봇세 도입을 지지했습니다. 영국 서리대학교 법학부의 라이언 애벗(Ryan Abbott) 교수는 '하버드 법 & 정책 리뷰' 저널을 통해 기존의 실업 보험 체계와 비슷하게, 로봇에 대해 세금을 부과하는 방법 이외에도, 로봇을 채택하는 기업에게 세금 공제를 크게 줄이거나 법인세를 높이는 형태를 제안하기도 했습니다. 스위스 제네바대학교 법학부의 자비에 오베르송(Xavier Oberson) 교수는 로봇세를 통해 정부가 안정적 재원을 확보할 수 있다고 주장했습니다. 그는 AI 발전을 전제로, 로봇 자체가 세금을 낼 수 있는 능력을 갖추기 전까지 로봇 소유주에게 세금을 부과해야 한다고 제안했습니다.

그러나 로봇세에 대한 반대도 만만치 않습니다. 캐나다 경제학자인 짐 스탠퍼드(Jim Stanford)는 로봇의 정의가 유동적이라는 점에서 로봇세의 실효성을 비판했습니다. 로봇, 휴머노이드를 어떻게 정의하느냐에 따라서 세금을 내는 주체, 규모가 달라집니다. 예를 들어, AI가 어느 정도 쓰인 것을 대상으로 할지, 인간처럼 팔다리가 있는 경우에 한정할지, 집채만큼 큰 로봇의 경우 근로자 한 명처럼 산정할지 등 인간 노동자를 정의하는 경우보다 훨씬 더 복잡한 이슈이기는 합니다. 또한, 국제로봇연맹, 휴머노이드 제조업체와 빅테크 일각에서는 로봇에 세금을 물린다는 논의를 혁신에 대한 패널티라며 비판하기도 합니다. 미국 재무부 장관을 역임한 로렌스 서머스(Lawrence Summers)도 세금을 부과하기 시작하면 로봇 생산과 기업 내 활용도가 떨어진다는 우려를 표했습니다.

휴머노이드에게 과세할 때, 그 대상이 될 휴머노이드의 소유주가 누가 될지에 따라 실제 세금 부담 구조가 달라집니다. 예컨대, 휴머노이드를 제조 및 판매하는 기업, 이를 구매해 사용하는 기업, 혹은 개인 등 다양한 이해관계자가 얽힙니다. 또한, 휴머노이드를 단순히 기계로 취급할 것인지, 혹은 독립적인 법적 주체로 인정되는지도 과세 방식에 영향을 줍니다. 어떤 관점에서는 휴머노이드는 기계이므로, 과세 대상은 결국 이 기계를 활용해 이득을 얻는 사람이나 조직이어야 한다고 주장합니다. 그러나 다른 관점에서는 고도로 자율적인 휴머노이드는 독립적 인격성을 부여받아야 하며, 따라서 세금 또한 개인이 내듯 휴머노이드가 낼 수 있다는 주장도 나옵니다. 이 논리가 너무 비약적이라면, 이렇게 생각하면 됩니다. 고용주가 휴머노이드를 고용해서 일을 시키면, 그 휴머노이드에게 급여를 지급하고, 그 급여가 세금으로 지출된다는 논리입니다.

휴머노이드의 세금으로 운영되는 기본소득제도

휴머노이드와 연계한 새로운 과세 체계가 완비된다면, 정부는 추가적인 재원을 확보하게 됩니다. 그 재원을 어디에 사용할 것인지가 다음 단계의 핵심 과제입니다. 많은 전문가들은 그 대안으로 기본소득제도의 확대를 제안합니다. 기본소득제도란, 모든 국민에게 별다른 자격 요건을 두지 않고 최소한의 생활비 혹은 생존에 필요한 일정 금액을 정기적으로 지급하는 제도입니다. 인류의 오랜 역사를 거슬러 올라가 보면, 태초에는 집단, 정부가 개인을 보호해주는 안전망이 매우 미약했습니다. 그러나 문명과 국가 시스템이 발전하며 노령 연금, 실업급여, 사회보장제도 등의 안전망이 단계적으로 강화되어왔습니다. 기본소득제도도 이러한 흐름을 확장한 개념으로, 노동시장 재편기에 빈곤과 사회적 갈등을 방지하는 안전장치로 주목받고 있습니다. 즉, AI, 휴머노이드 등의 신기술이 노동자 개인의 일자리, 소득을 불안정하게 만드는 상황에서 국가가 사회적 안전망을 만들어준다는 취지의 제도입니다.

최근 전 세계 곳곳에서 제한적 형태의 기본소득 실험이 진행되어왔습니다. 예컨대, 핀란드는 2017년~2018년에 걸쳐 무작위로 선발된 실업자 2,000명에게 매달 일정 금액을 지급하는 실험을 했으며, 실험 결과 정신적 안정감과 사회 참여도는 증가한 반면, 노동 의욕 감소와 같은 부정적 결과는 의외로 크지 않았다는 평가가 있었습니다. 물론, 다른 결과도 있습니다. 3,000명의 저소득층 미국인을 대상으로, 매달 1,000달러를 조건 없이 지급한 실험을 진행했습니다. 결과를 보면, 기본소득은 수혜자의 복지 수준을 단기간에 개선했지만, 근로 의욕과 경제적 자립에는 부정적인 영향을 미쳤습니다. 자유 시간은 늘어났으나 이를 자기 계발, 운동, 자녀 돌봄 등 생산적인 활동에 활용하는 비율은 높지 않았습니다. 건강 측면에서도 흥미로운 결과가 나왔습니다. 기본소득을 받은 이들은 의료비 지출이 증가하고 단기적으로는 스트레스도 감소했지만, 장기적으로는 신체 및 정신 건강에 큰 변화가 없었습니다.

요컨대, 정부 입장에서는 줄어든 소득세를 보존하기 위해 휴머노이드에게 세금을 물리고, 이를 통해 복지 재정을 확충할 수는 있습니다. 그러나 이런 재원을 바탕으로 기본소득제도를 실시할 경우 노동자, 국민의 삶에 장기적으로 어떤 영향을 미칠지는 아직 단정하기 어렵다고 생각합니다.

결론

미래학자들이 예측하듯, 기술 발전 속도가 우리가 생각하는 것보다 훨씬 빠르게 진행된다면, 불과 10년 이내에도 휴머노이드가 상점, 병원, 학교 등 곳곳에 보급되는 상황을 맞을 수 있습니다. 그리고 그 시점에서 "어떻게 세금을 부과하고, 어떻게 개인의 생계를 보호할 것인가?"라는 문제가 뒤늦게 터져 나오면, 사회적 충격을 완화하기가 어려울 것입니다. 그런 맥락에서 지금부터 휴머노이드의 의의와 영향에 대한 폭넓은 공론화가 필요하며, 그중에서도 세제, 사회보장제도 개편에 대한 논의를 시작해야 합니다.

일부 기업들은 이미 휴머노이드의 도입을 통해 생산 현장의 인건비를 절감하고 있습니다. 예를 들어, 일부 창고 자동화 기업은 휴머노이드 팔을 장착한 로봇이 24시간 내내 오차 없이 물류 분류 작업을 하게 함으로써 연간 수백만 달러의 인건비를 줄였다고 보고했습니다. 만약 이러한 추세가 업종 전반으로 확산된다면, 기업의 총이윤은 커질지 몰라도 정부가 거둬들이는 세금의 총량은 급감할 수 있습니다. '미래를 예측하는 가장 좋은 방법은, 직접 미래를 만들어 나가는 것'이라는 말이 있듯이, 우리의 적극적이고 선제적인 준비가 휴머노이드 시대를 긍정적인 방향으로 이끌어갈 열쇠가 될 것입니다.

사유의 문을 열며

- 기본소득제도가 단단해진다면, 인류의 노동시간이 줄어들 겁니다. 그러면 우리는 무엇을 하면서 시간을 보낼까요?

- 모든 사람의 노동시간이 균등하게 줄어들면, 소득 격차도 크게 줄어들 수 있습니다. 사회 구성원 간 소득 격차가 미세해진다면, 우리 사회는 어떻게 변할까요?

HUMANOID

젠슨 황은 로봇의
챗GPT 모멘트를 바라본다

CES 2025 키노트 스피치(행사에서 중요 인물이 참가자에게 발표하는 기조연설) 연사 중에서 가장 주목받은 이는 엔비디아 CEO 젠슨 황이었습니다. 젠슨 황은 코스모스 월드 파운데이션 모델을 설명하며 대중의 이목을 집중시켰습니다. 기존에 그래픽 처리 장치, AI 컴퓨팅 솔루션, 자율주행 칩 등으로 하이테크 산업을 선도해온 엔비디아가 로봇 설계와 운영을 단일 플랫폼으로 묶어내겠다는 계획을 제시했습니다.

젠슨 황은 챗GPT가 언어 모델로서 사람의 사고, 대화 능력에 준하는 수준에 이르렀다고 평가받으며 전 세계를 놀라게 한 것처럼, 이제는 로봇과 휴머노이드 분야에도 '챗GPT 모멘트'가 찾아올 것이라고 예견했습니다. 불과 2년 전만 해도 챗GPT를 포함한 생성형 AI가 우리 삶과 산업에 이렇게 빠른 속도로 스며들면서 변화를 이

CES 2025 키노트에서 로봇의 미래 비전을 발표하는 젠슨 황

끌어낼 거라고 알지 못했습니다. 젠슨 황은 코스모스 월드 파운데이션 모델을 바탕으로, 로봇 분야에도 거침없는 도전과 엄청나게 빠른 변화가 나타나리라 예견한 셈입니다.

저와 2024년 여름에 대담을 나눈 위르겐 슈미트후버(Jurgen Schmidhuber) 교수도 비슷한 견해를 보였습니다. 슈미트후버 교수는 딥러닝에 사용되는 핵심 모델 중 하나인 징단기 메모리를 개발했으며, 현재 사우디아라비아의 킹 압둘라 과학기술대학교(KAUST)에서 교수로 재직하고 있습니다. 그는 인류가 챗GPT를 통해 큰 충격을 받았으나, 아직 진정한 충격은 오지 않았다는 의견을 피력했습니다. 그가 예측한 진정한 충격이 발생하는 시기는 몸이 없는 AI가 몸을 가지게 되는 시점, 즉 피지컬 AI가 일상화되는 시점입니다. 그리고 그 피지컬 AI를 대표하는 휴머노이드와 로봇의 급격한 발전을 예견했습니다.

코스모스 월드 파운데이션 모델

코스모스 월드 파운데이션 모델은 피지컬 AI 개발을 위한 핵심 기술입니다. 로봇, 자율주행차 등 다양한 피지컬 AI 시스템을 개발하는 데 필요한 시뮬레이션과 데이터 생성을 지원하며, 누구나 활용할 수 있도록 오픈 라이선스로 제공됩니다.

우리가 흔히 생각하는 AI는 주로 언어, 이미지, 텍스트와 같은 디지털 정보를 다루는 기술입니다. 반면, 피지컬 AI는 실제 세상에서 일어나는 물리적 상호작용을 이해하고 예측할 수 있는 기술을 말합니다. 예를 들어, 로봇이 물체를 집어 들고 움직이는 동작을 학습하거나, 자율주행차가 복잡한 교통 상황에서 안전하게 주행할 방법을 찾는 것 등이 포함됩니다. 이런 피지컬 AI를 제대로 개발하려면 현실 세계의 데이터를 학습하고, 이를 기반으로 가상 환경을 만들어

엔비디아의 코스모스 플랫폼을 활용한 로봇 학습

출처: 엔비디아

테스트해볼 수 있어야 합니다.

코스모스 월드 파운데이션 모델은 방대한 데이터셋, 특히 걷기, 손동작, 물체 조작과 같은 인간 활동을 담은 2천만 시간 분량의 비디오 데이터를 기반으로 휴머노이드를 학습시킵니다. 실세계 환경의 정밀한 이미지 및 3D 시뮬레이션을 생성해 휴머노이드가 주변 환경을 깊이 있게 이해할 수 있도록 합니다. 일례로, 로봇 스타트업 힐봇 (Hillbot)은 코스모스를 활용해 공장에서 사용될 로봇을 훈련시키는 데 필요한 데이터를 생성하고 있습니다. 현실 세계에서 로봇을 테스트하는 것보다 빠르고 저렴하게 학습이 가능합니다.

더 흥미로운 것은 코스모스 플랫폼이 메타버스상에서 로봇을 훈련시키는 방법을 추구한다는 점입니다. 예컨대, 실제로 존재하지 않는 공장, 아파트, 상점 등을 메타버스 안에서 미리 만들어놓고, 그 속에서 휴머노이드를 훈련하고, 그 데이터를 축적해 현장 투입 시 휴머노이

> ### 🎮 디지털 트윈(Digital Twin)
>
> 현실 세계의 사물이나 시스템을 가상공간에 복제해 놓은 쌍둥이 모델입니다. 예를 들어, 공장 기계를 디지털로 똑같이 만들어놓고, 이를 시뮬레이션해 성능을 최적화하거나 고장 가능성을 미리 점검할 수 있습니다. 건물, 교량, 심지어 인간장기의 디지털 트윈까지 연구가 점차 확대되고 있습니다.

드가 어떤 행동을 할지 미리 예측하거나, 문제 발생 시 해결 과정을 점검하는 식입니다. **디지털 트윈**(Digital Twin)을 한층 발전시킨다고 볼 수 있습니다. 디지털 트윈은 메타버스 중 일부인데, 현실에 있는 사물, 구조, 시스템 등을 컴퓨터 안에 똑같이 만들어놓은 가상 모형입니다.

비용, 속도, 그리고 새로 열리는 가능성

과거에는 연구소와 기업이 별도로 로봇, 휴머노이드 실험 환경을 만들고, 센서, 소프트웨어, 하드웨어를 수없이 튜닝해야 했습니다. 심지어 프로토타입이 개발된 뒤에도 수많은 오류를 거치며 실제 사업화까지 가는 데에는 막대한 비용과 인력이 투입되었습니다. 그러나 메타버스 기반 시뮬레이션, 특히 코스모스 월드 파운데이션 모델을 사용하면, 미리 만들어진 가상공간을 통해 반복 실험을 진행할 수 있어서, 추가 장비나 인프라 구축 비용이 크게 줄어듭니다.

예컨대, 가정용 휴머노이드가 가상의 주방에서 설거지를 배우는 시뮬레이션을 수백, 수천 번을 넘어서 수만, 수십만 번까지도 돌릴 수 있어서, 실제 휴머노이드가 싱크대 앞에서 겪을 시행착오를 극적으로 단축할 수 있습니다. 공장용 휴머노이드가 부품 조립이라는 특정 작업을 학습할 때, 실제 공장 라인을 멈춰 가며 여러 번 실험하기는 어렵습니다. 그러나 코스모스 월드 파운데이션 모델에서는 공장 설비를 그대로 본떠놓은 3D 환경이 구축되어 있어, 실물 스케일과 동일하게 조립 절차를 무제한으로 시뮬레이션할 수 있습니다. 심지어 같은 부품을 조립하더라도 나사 구멍 위치나 부품 크기를 조금씩 바꿔 반복 테스트하는 학습도 가능합니다. 결과적으로 휴머노이드가 자신에게 가장 적합한 동작 패턴을 효율적으로 찾아나갈 수 있고, 이 과정을 통해 실제 환경에서의 시행착오를 대폭 줄일 수 있습니다. 이는 결과적으로 휴머노이드 제조사가 시제품부터 완성품까지 도달하는 속도를 높여, 시장에서 경쟁 우위를 점할 확률을 높이는 데 기여합니다.

과거에는 테스트베드(Test Bed) 자체를 구축하는 데에만 수십억 원 이상의 예산이 소요되었지만, 이제는 코스모스 월드 파운데이션 모델을 통해 그 과정의 상당 부분을 가상으로 해결할 수 있습니다. 이러한 이점은 특히 대기업뿐 아니라 소규모 스타트업이나 연구팀까지도 휴머노이드 시장에 진출할 수 있는 길이 됩니다.

엔비디아 쏠림과 오픈 라이선스의 의미

코스모스 월드 파운데이션 모델이 탄생하면서 가장 많이 거론되는 우려는 바로 '엔비디아 쏠림' 현상입니다. 휴머노이드 산업에서 제조사나 연구소가 각자 기기를 만든다고 해도, 학습에 사용되는 대규모 데이터와 알고리즘은 엔비디아가 통제하는 방식으로 구조가 형성될 수 있기 때문입니다.

2천만 시간의 영상 학습 자료는 로봇, 휴머노이드가 다양한 환경과 상황을 학습하는 데 반드시 필요한 자원입니다. 엔비디아가 이런 데이터를 공급하기 때문에 코스모스 월드 파운데이션 모델을 사용하지 않는 휴머노이드 기업들은 경쟁에서 뒤처질 가능성이 높아집니다. 특히, 초기 휴머노이드 개발 단계에서는 동일한 환경에서 반복 학습하는 것이 매우 중요하기 때문에, 학습 데이터를 제대로 확보하지 못하면 도태된다는 인식이 강합니다.

젠슨 황이 코스모스 월드 파운데이션 모델 일부를 오픈 라이선스 형태로 공개하겠다고 밝힌 것은 언뜻 보기에 개방과 협력을 뜻합니다. 실제로 일부 소프트웨어 구성 요소, 확장 가능한 API, 그리고 시뮬레이션 알고리즘의 일부를 열어두면서, 로봇 연구 기관이나 스타트업도 코스모스 월드 파운데이션 모델을 활용해 손쉽게 서비스, 제품을 개발할 수 있게 됩니다. 그 결과, 휴머노이드 산업 전반의 진입 장벽이 낮아지고, 실제 제품 개발 속도가 빨라질 것입니다.

그러나 이를 통해 최종적으로 엔비디아가 얻는 이점 역시 상당합니다. 오픈 라이선스라는 명분으로 더 많은 기업과 연구 단체가 코스모스 월드 파운데이션 모델을 사용하게 되면, 그만큼 엔비디아의 로봇 생태계가 강력하고 빠르게 확장됩니다. 코스모스 월드 파운데이션 모델은 사용자의 실험, 학습 결과물까지 흡수해 플랫폼의 정확성과 완성도를 높이게 됩니다. 즉, 기업과 연구 단체가 코스모스 월드 파운데이션을 쓰면 쓸수록, 그 데이터가 다시 엔비디아 시스템에 쌓여 표준으로 굳어지는 형태입니다. 결과적으로 엔비디아가 세계의 로봇, 휴머노이드의 머릿속을 설계하고 좌우하는 상황에 가까워질 수 있습니다.

이처럼 특정 빅테크 기업에 데이터와 알고리즘이 집중되는 구조는 사회학적, 경제학적 관점에서 독과점 문제를 야기할 수 있습니다. 만약 코스모스 월드 파운데이션 모델을 바탕으로 학습한 휴머노이드가 대규모로 보급되어 사회 곳곳에서 활동한다면, 이들의 논리 구조나 행동 양식이 엔비디아의 알고리즘에 의해 편향될 위험도 배제할 수는 없습니다.

결론

방대한 영상 데이터를 통한 메타버스 기반 학습은 휴머노이드 개발에 필연적으로 동반되는 막대한 비용과 시간을 대폭 절감해주고, 다양한 용도에 맞춰 휴머노이드를 최적화함으로써 산업 전반의 판도를 흔들 잠재력을 지니고 있습니다.

그러나 동시에 엔비디아가 데이터와 알고리즘을 통제함으로써 시장 전체가 소수 플랫폼에 종속될 수 있다는 우려도 엄연히 존재합니다. 젠슨 황이 취한 오픈 라이선스 전략은 단순한 이타주의가 아니라, 엔비디아 생태계로 더 많은 참여자들을 끌어들여 규모의 경제를 극대화하려는 의도이기도 합니다.

앞으로의 휴머노이드 산업은 메타버스 시뮬레이션, AI 하드웨어, 방대한 데이터셋 등의 결합을 통해 폭발적인 혁신이 일어날 것으로 예상됩니다. 그 과정에서, 코스모스 월드 파운데이션 모델은 휴머노이드 시대를 여는 문턱이자 새 지형을 설계하는 원동력 역할을 할 것으로 예견됩니다. 가히 피지컬 AI의 대표인 휴머노이드에, 챗GPT 모멘트가 다가오고 있습니다.

사유의 문을 열며

- 휴머노이드 영역에서 챗GPT 모멘트는 언제쯤, 어떻게 올까요?

- 빅테크가 막강한 기술과 자본을 바탕으로 앞장서서 휴머노이드의 판을 깔아준다면, 이는 세상에 득일까요? 실일까요?

일론 머스크는
100억 대의 휴머노이드를 예상한다

솔직한 마음으로, 이 챕터를 쓸까 말까 오래 고민했습니다. 매우 어렵고 복잡한 추정이어서, 신뢰할 만한 결과를 제시할 수 있을지 고민했고, 결과를 바탕으로 독자에게 어떤 인사이트를 제시할지 판단하기가 어려웠습니다. 그래도 한 번쯤은 살펴볼 주제여서, 제 생각을 정리해봤습니다.

휴머노이드의 보급 초기에 과연 사람들이 실제로 얼마나 휴머노이드를 활용할까 하는 의문이 제기됩니다. 그러나 역사적으로 새로운 문명의 이기가 등장했을 때, 초기에는 극히 제한적으로 도입되다가 시장 상황과 기술 발전 속도에 따라 폭발적 보급이 일어났습니다. 가장 흔히 언급되는 예가 자동차입니다. 1900년대 초반만 해도 마차보다 훨씬 비싸고 유지가 어렵다는 이유로 자동차 보급을 회의적으로 보던 사회가, 20년~30년 만에 대중의 소비 패턴을 완전히 바꿔 놓았습니다. 휴머노이드 역시 AI, 배터리 기술, 소재 공학 등이 시너지를 낼 경우, 생각보다 빨리 대중화가 진행될 수 있습니다.

페르미 추정을 통한 5년, 10년, 20년 후 예측

'페르미 추정(Fermi estimate)'이라는 방식을 활용하겠습니다. 페르미 추정이란 정확한 데이터를 얻기 어려운 상황에서, 논리적으로 납득 가능한 가정들을 단계별로 세우고 곱셈, 덧셈 등을 통해 대략적인 규모를 추산하는 방법입니다.

페르미 추정이 처음 주목받게 된 일화 중 하나는 물리학자 엔리코 페르미가 1945년 트리니티 핵실험에서 핵폭발의 에너지를 추정했던 사례입니다. 당시 페르미는 손쉽게 계산 가능한 데이터를 활용해 폭발의 위력을 대략적으로 계산했습니다. 그는 단순히 폭발로 인해 날아간 종이조각의 이동 거리로부터 대략적인 폭발 에너지를 추정했습니다. 이는 실험의 결과를 빠르게 검증하는 데 유용했고, 페르미 추정의 아이디어가 세상에 알려지는 계기가 되었습니다.

이 방법의 핵심은 문제를 가능한 한 단순한 단계로 나누고, 적절한 근삿값을 활용해 최종 추정치를 얻는 것입니다. 예를 들어, "하루 동안 서울에는 피자가 몇 판이나 팔릴까?"라는 질문이 주어진다면,

먼저 서울의 인구를 추정하고, 그중 피자를 먹을 가능성이 있는 사람의 비율, 1인당 평균적으로 먹는 피자의 수 등을 단계적으로 계산합니다. 비록 정확하지는 않더라도, 논리적으로 타당한 근삿값을 도출할 수 있습니다.

휴머노이드의 수를 단순히 사람 1명당 휴머노이드 1대라는 식으로 계산할 수도 있겠지만, 실제로는 상황이 훨씬 복잡합니다. 다양한 산업, 경제, 사회적 요구와 휴머노이드의 성능, 그리고 인간과 휴머노이드의 협업 가능성 등을 모두 고려해야 합니다. 휴머노이드 대수를 추정하기 위해, 다음과 같은 기본 공식과 몇 가지 핵심 변수를 사용하겠습니다.

- 휴머노이드 예상 대수 = 세계 인구 × 휴머노이드 활용 가능 분야 비율 × 분야당 휴머노이드 배치 계수
- 세계 인구: 현재 약 80억 명 수준으로, 5년 후에는 85억 명, 10년 후에는 88억~89억 명, 20년 후에는 90억 명을 훌쩍 넘길 것으로 추정됩니다.
- 휴머노이드 활용 가능 분야 비율: 이는 단순 제조, 생산부터 간병, 서비스, 물류, 재난 구조 등 휴머노이드가 사람을 대체 혹은 보조할 수 있는 영역이 전체 산업, 서비스 분야 중 어느 정도를 차지하는지에 대한 추정치입니다. 현재 산업용 로봇의 적용 비율(자동차, 전자, 금속 등)이 전 세계 제조업 기준으로 약

5%~10% 수준이라는 점을 고려하면, 향후 휴머노이드가 훨씬 폭넓은 서비스 분야로 확장될 것까지 감안해 5년 후 10%, 10년 후 20%, 20년 후 30% 정도까지 오른다고 가정해봅니다.

• 분야당 휴머노이드 배치 계수: 예를 들어 재난 구조 분야에서는 대형 건물 하나에 최소 1대 이상의 휴머노이드가 배치될 수 있고, 요양병원이나 복지시설에서는 인력 5명당 1대꼴이 투입될 수 있습니다. 이를 전 세계 평균으로 단순화해, '서비스 업종 10명당 휴머노이드 1대' 혹은 '가정 100가구당 1대' 등의 계수를 일괄적으로 적용할 수 있겠습니다. 초기에는 단가가 높은 만큼 각 시설이나 가정이 여러 대를 두기보다는 1대만 두는 경우가 흔할 것으로 보입니다.

5년 후를 예측해보겠습니다. 대략 2030년 전후입니다. 5년이라는 시간은 본격적인 대중화 직전의 '파일럿 도입기'라고 할 수 있습니다. 기업이나 연구 기관에서 시험적으로 휴머노이드를 도입해보는 단계가 될 것입니다. 세계 인구를 85억 명, 활용 가능 분야 비율을 10%, 분야별 배치 계수를 '업종 종사자 10명당 1대'나 '가정 100가구당 1대'로 가정할 경우, 매우 거칠게 환산하면 다음처럼 계산할 수 있습니다.

업종 종사자 기반 가정을 해보면, 전 세계적으로 약 10억 명이 서비스, 간병, 물류 분야에 종사한다고 했을 때(노동 통계 기반 추정), 그중

10%인 1억 명 규모가 휴머노이드 보조가 유효한 직무라고 가정해봅니다. 10명당 1대라면, '1억 명 / 10 = 1천만 대' 수준이 됩니다.

가구 기반 가정을 해보겠습니다. 전 세계 약 25억 가구 중 10%인 2억 5천만 가구가 휴머노이드를 도입할 여력이 있다고 가정해봅니다. 100가구당 1대로 본다면, '2억 5천만 가구 / 100 = 250만 대' 수준입니다. 위 두 시나리오를 함께 고려하면, 5년 후 1,250만 대의 휴머노이드가 지구상에 도입될 수 있다고 추정할 수 있겠습니다.

10년 후를 예측해보겠습니다. 10년 뒤에는 완연한 '초기 보급' 단계가 도래할 가능성이 큽니다. AI, 배터리, 소재 공학의 발전으로 단가가 하락하고, 골드만삭스가 예측하듯이 시장 전체 규모가 폭발적으로 확대될 시점이기 때문입니다. 앞서 페르미 추정에서 제시한 활용 가능 분야 비율이 20% 선까지 상승한다고 보고, 배치 계수를 완화한다면(예: 가정을 50가구당 1대, 서비스 종사자 5명당 1대 등), 10년 후에는 5천만 대에 이를 수 있습니다. 이때는 제조업과 간병, 요양, 물류, 접객 분야 등 특정 산업에서 먼저 대량 도입이 이뤄지리라 예상됩니다. 그리고 여기에 추가로 고려할 부분이 있습니다. 휴머노이드의 성능, 기능이 고도화되면 인간이 도달하지 못했던 공간, 영역에도 휴머노이드의 진출이 가능해집니다. 대표적인 예로, 우주, 심해 탐사 등이 해당합니다. 이 외에도 지치지 않고, 공포가 없으며, 역량이 뛰어난 휴머노이드만이 가능한 새로운 일자리가 증가할 것입니다. 이런 요소를 고려하면, 10년 후에는 대략 7천만 대 정도로 가정해봅니다.

20년 후를 예측해볼까요. 20년 후에는 일부 선진국뿐 아니라, 신흥국과 개발도상국에서도 휴머노이드 보급이 진행된다는 전제하에, 활용 가능 분야 비율을 30% 수준으로 가정해볼 수 있습니다. 게다가 생산 효율성이 극도로 높아져, 한 대의 휴머노이드가 1만 달러 이하에 생산, 판매되는 시나리오도 상상해볼 수 있겠습니다. 그러면 산업용 휴머노이드 수요는 3억 대를 넘어설 것입니다. 여기에 모든 가정 6가구당 1대라는 시나리오도 추가로 고려해봅시다. 전 세계 가구 수가 20년 후 30억 가구에 육박한다고 했을 때, 6가구당 1대면 5억 대라는 수치가 나옵니다. 그러면 총합은 8억 대 정도가 됩니다.

제가 예측한 5년(1,250만 대), 10년(7천만 대), 20년(8억 대) 후는 비교적 보수적인 시각일지도 모릅니다. 일론 머스크는 2040년까지 최소 10억 대에서 최대 100억 대의 휴머노이드가 등장하리라 예측했습니다. 코슬라벤처스(Khosla Ventures)를 이끄는 비노드 코슬라(Vinod Khosla)가 예측한 2040년대의 휴머노이드 숫자도 10억 대입니다. 그는 휴머노이드가 공장, 농장 등에서 하위 직무 노동의 50%를 대체할 것이라 전망했습니다. 다만, 그들이 어떤 논리로 이런 숫자를 언급했는지는 제시되지 않았습니다. 주장하는 이마다 예측치의 차이가 커서, 이게 무슨 의미가 있을까 싶기도 하겠지만, 이는 자동차 보급 초기에도 "자동차가 마차를 완전히 대체할 것인가?"라는 질문에 극과 극의 전망이 나온 것과 유사한 상황입니다.

휴머노이드는 자동차를 넘어설까?

20세기 초반, "말이나 마차 없이 어떻게 이동할 것인가?"라는 불신과 호기심을 동시에 받으며 등장한 자동차는, 약 30년~40년 만에 전 세계 교통의 핵심 수단으로 자리 잡았습니다. 오늘날에는 전 세계에 15억 대 이상의 자동차가 운행 중인 것으로 추산되는데, 불과 한 세기 만에 지구상에 인구 5명당 1대꼴의 비율로 퍼진 셈입니다.

휴머노이드도 '비싸고 유지가 어려운 실험적 기계'라는 인식이 일단 깨지고 나면, 바퀴 달린 로봇이나 팔만 있는 로봇과는 다른 차원으로 가정, 산업에 침투할 가능성이 있습니다. 자동차는 이동이라

마차와 자동차가 혼재된 1916년의 거리

출처: 폴 스트랜드

는 단일 기능에 대한 보편적 수요가 있었기에 빠르게 대중화될 수 있었습니다. 반면 휴머노이드는 제조업, 물류, 간병, 재난 구조 등 훨씬 다양하고 복합적인 업무를 수행할 수 있습니다. 그렇기에 오히려 산업과 사회 전반에 "이 정도면 다양하게 쓸만하다."라는 평가를 받기 시작하면 자동차보다 더 광범위하게 퍼질 가능성이 있습니다.

다만, 자동차가 보급되기까지 도로, 주유소, 정비소 등 관련 인프라가 함께 갖춰져야 했던 것처럼, 휴머노이드도 대규모 보급을 위해서는 충전 스테이션, 소프트웨어 업데이트 센터, 부품 공급망, 수리 센터 등 새로운 생태계가 형성되어야 합니다. 물론 여기에는 법, 제도적 허들도 존재합니다.

그럼에도 AI 기술과 로봇공학, 센서, 소재의 발전은 빠르게 진행되고 있으며, 이는 기존 자동차 산업의 성장 곡선보다 더 가파른 혁신 곡선을 만들 수도 있습니다. 자동차가 '우리의 다리'가 되었다면, 휴머노이드는 '우리의 손과 발, 그리고 두뇌의 일부'가 될 수 있기 때문입니다.

결론

호모 사피엔스가 등장하여 1억 명의 인구에 도달한 시점을 살펴보면, 대략 기원전 1천 년경으로 추정됩니다. 대략 30만 년이 걸린 셈입니다. 인류가 환경을 통제하며 번성해온 역사를 두고, 우리는 흔히 스스로를 '지배종'이라 부릅니다. 그러나 이제 인류가 지배종임을 당연하게 여기기에는, 우리가 만들어낸 또 다른 존재가 빠른 속도로 그 영역을 넓혀가고 있습니다. 바로 휴머노이드입니다.

인류가 스스로를 지배종이라 규정할 수 있었던 이유는 무엇일까요? 보통 인지 능력과 그에 따른 협업, 기술적 도구의 발전 등을 주로 꼽습니다. 인간은 복잡한 언어 체계를 통해 소통하고, 공동체를 이끌며, 환경을 통제하는 문명을 이루었습니다. 지구사에서 다른 어떤 종도 이루지 못한 방식이었습니다.

이제는 지배종이란 무엇인지, 그 의미를 다시 한번 들여다볼 필요가 있습니다. 지배종은 단순히 개체수가 많은 종을 의미하지 않습니다. 생태계에서 가장 큰 영향력을 행사하는 종입니다. 호모 사피엔스가 환경을 통제하고 활용하면서 지배종이 되었다고 생각해왔듯이, 만약 휴머노이드가 기계적, 지적 능력을 통해 환경과 생활 전반을 통제하는 단계에 이른다면, 그 순간이 휴머노이드가 인류 대신 지구의 지배종으로 올라서는 순간일지도 모릅니다.

인류가 지배종으로 남고 싶다면, 인류는 지혜롭게 욕망을 제어하고 건강한 진화를 함께 도모할 수 있느냐는 질문에 떳떳이 답할 수 있어야 합니다. 한 번 달성한 지배종의 자격을 놓고, 그 자격의 갱신에 관한 당위성을 인류가 스스로 증명해야 할 시기가 다가오고 있습니다.

사유의 문을 열며

- 만약 지구에 사람보다 휴머노이드가 많아진다면, 우리 일상은 어떻게 달라질까요?

- 어떤 나라는 인구 대신 휴머노이드로 생산력을 유지할 수 있고, 다른 나라는 인구를 여전히 중시할 수 있는데요. 둘 중 어느 모델이 21세기 후반에 더 유리할까요? 당신이 생각한 유리함의 기준은 무엇인가요?

휴머노이드는
인간의 출생률까지 변화시킨다

휴머노이드가 사람들의 노동 부담을 덜어주고, 각종 산업을 혁신하며, 나아가 정서적 지지자로서 자리매김한다면 우리의 삶과 생산의 양상은 크게 달라질 수 있습니다. 이와 맞물려 인구구조 또한 변화를 맞이할 가능성이 높습니다. 인간의 출생률이 높아질 수도, 혹은 예상치 못하게 크게 낮아질 수도 있습니다.

여기에서는 인류가 걸어온 인구 증감의 역사를 잠시 돌아보고, 휴머노이드 시대에 등장할 두 가지 극단적 시나리오, 인구 증가와 인구 감소가 각각 어떻게 전개될지 살펴보겠습니다.

역사 속 인구 파동과 휴머노이드 시대

인구가 한 번에 뚝 떨어지거나 쑥 늘어나는 원인은 생각보다 다양합니다. 때로는 전염병이, 때로는 전쟁이, 어떤 때는 급격한 산업화가 이런 인구 변화를 이끌어냈습니다. 예를 들어, 중세 유럽을 휩쓸었던 흑사병은 당시 유럽 인구의 최대 3분의 1 이상을 감소시켰습니다. 반대로 18세기~19세기에 걸쳐 시작된 산업혁명은 농경사회에 비해 훨씬 나은 위생 환경, 증가한 식량 생산량, 의료 기술의 발전을 함께 가져왔고, 이로 인해 급속한 인구 증가가 뒤따랐습니다.

20세기 후반에 이르러서는 베이비붐(Baby Boom) 현상이 특정 국가나 지역의 인구구조를 크게 변화시켰습니다. 2차 세계대전 직후, 전쟁에서 살아남은 이들이 경제 성장을 꿈꾸며 대거 결혼하고 출산율을 높였던 흐름이 대표적인 예입니다. 오늘날 많은 선진국이 저출산, 고령화 문제에 직면했지만, 과거에는 국가 정책, 사회 분위기, 개인의 욕구가 맞물려 일시적이나마 매우 높은 출산율을 보인 시기들이 존재했습니다.

이렇듯 인류 역사에서 인구 변동을 일으킨 가장 큰 요인은 '생존 환경과 삶의 질'이었습니다. 일정 수준 이상의 먹거리, 안전, 의료가 보장되면 결혼과 출산을 선택하는 이들이 많아지지만, 생존 기반이 불확실해지면 아이를 낳는 결정을 망설입니다. 그렇다면 휴머노이드 시대에는 어떨까요? 정교하게 인간을 돕는 인공적 동반자가 늘어나면서, 사회적 안전망이나 생산성, 정서적 충족감이 높아진다면 사람들이 되레 출산을 더 긍정적으로 고려할 수도 있습니다. 반면, 휴머노이드가 인간의 욕구를 상당 부분 대리 충족시키고, 인간관계와 양육의 가치를 대체한다면, 출산과 육아의 필요성이 오히려 줄어들 가능성도 있습니다.

UN을 비롯한 세계 주요 연구 기관들은 21세기 말에 이르면 지구 인구가 최대 100억 명에 이를 것이라고 예측하기도 하고, 일부 시점부터는 인구 고령화와 저출산 현상이 겹치면서 오히려 전 세계적으로 인구가 감소하리라 내다보기도 합니다. 만약 휴머노이드가 각국 정부와 산업계의 적극적인 지원 아래 빠르게 상용화된다면, 이런 예측은 한층 더 혼란스러워질 수 있습니다. 휴머노이드 보급률이라는 새로운 변수가 기존의 인구 예측 모델에 포함되어야 하기 때문입니다.

증가 시나리오: 풍요 속 새로운 관계망

먼저, 휴머노이드의 광범위한 보급이 출생률을 끌어올릴 것이라는 낙관적 시나리오를 살펴보겠습니다. 기존의 가사 노동, 돌봄노동, 농업, 제조업, 서비스 등 다양한 분야에서 휴머노이드는 인간의 육체적 부담을 덜어주고, 감성 지능이 탑재된 모델이라면 심리적 교감까지 제공할 수 있습니다. 즉, 일종의 협력자이자 파트너가 늘어나면서 사람들이 가정 내외에서 겪던 어려움이나 불안이 상당 부분 경감될 수 있습니다.

일부 로봇공학 연구팀은 이미 가족 돌봄형 로봇의 가능성을 실험하고 있습니다. 텔레프레즌스

> ### 🤖 텔레프레즌스(Telepresence)
>
> 먼 거리에 있는 사람들이 화상회의나 원격 로봇 등을 사용해, 서로 직접 함께 있는 것처럼 느끼도록 해주는 기술입니다. 예를 들어, 화상회의에서 초고화질 카메라와 360도 스피커를 써서 상대방이 바로 옆방에 있는 듯한 몰입감을 주거나, 원격 로봇을 조종해 마치 내가 현장에 있는 듯한 경험을 하게 만들어줍니다.

(Telepresence) 로봇 스타트업 데반스로우(Devanthro)가 개발한 로보디(Robody)는 고령자를 위한 휴머노이드입니다. 원격조작 기술과 AI, 가상현실, 그리고 5G 기술이 결합된 시스템입니다. 현재 제시된 모델은 단독으로 작동하기보다는 원격에 있는 인간 도우미의 움직임을 재현해주는 텔레프레즌스 형태입니다. 원격지에 있는 조작자가 가상현실 인터페이스를 통해 휴머노이드의 시야를 공유하며, 자신의 목소리로 소통하고 휴머노이드의 움직임을 제어하는 방식입니다. 로보디는 식사 준비, 약품 전달, 물건 찾기와 같은 기본적인 가사 업무 이외에도, 대화와 같은 정서적 교감도 가능합니다.

독일에서 이루어진 연구에 따르면, 적절한 가정 돌봄을 통해 연간 약 130만 건의 병원 방문을 줄일 수 있다고 합니다. 이는 이런 형태의 휴머노이드 기술이 의료 및 돌봄 분야에서 가지는 가능성을 잘 보여줍니다. 이와 같은 성과가 더 발전하여, 향후 휴머노이드가

노인에게 옷을 입혀주는 로보디

출처: 더썬

인간의 개입 없이 노약자를 돌보고, 아이들의 교육 도우미가 되거나, 가정 내 분쟁을 중재하는 역할마저 맡게 된다면, 가정을 꾸리고 아이를 키우는 일이 훨씬 쉽고 즐거운 선택으로 바뀌는 상황을 상상해볼 수 있습니다.

또한, 휴머노이드가 생산 현장에서 발생하는 위험하거나 반복적인 업무를 대신해주고, 기본소득제도가 안정화된다면, 개인은 노동과 생계를 위한 시간을 크게 줄이면서 자신만의 생활, 학습, 취미, 관계에 집중할 수 있게 됩니다. 사회 전반의 생산력은 안정적으로 유지되거나 오히려 증대되지만, 개인이 과도한 노동 부담에 시달리지 않아도 되는 세상이 도래할 수도 있습니다. 일과 삶의 균형, 워라벨이 정말로 실현되는 시점에서, 결혼과 육아를 부담스러운 책임보다는 행복을 위한 자연스러운 선택으로 받아들일 가능성이 있습니다.

더 나아가 인간이 사회적, 정서적 관계를 맺는 방식이 달라질 것이라는 예측도 있습니다. 인간다움의 가치를 간직하고 싶은 사람들은 오히려 진짜 인간끼리 뭉치는 것에 더 큰 의의를 부여할 수도 있기 때문입니다. 일부 사회학자들은 사람이 너무 기계에 둘러싸이고, 인간적 교감이 희소해지면, 역으로 진짜 사람 간에 더 강한 유대감을 추구하려는 심리가 생겨날 것이라고 지적합니다. 만약 실제로 그러한 심리가 확산된다면, 인간 대 인간의 진정성 있는 관계가 결혼과 출산을 촉진하는 방향으로 작동할 수도 있습니다.

이와 같이 휴머노이드가 풍요 속에서 새로운 관계망을 열어주어, 더 많은 아이가 태어나는 세상을 만들 것이라는 가설은 분명 매력적입니다.

감소 시나리오: 양육 동기의 약화와 사회적 도전

휴머노이드의 보편화가 오히려 출생률을 낮출 것이라는 시나리오도 무시하기 어렵습니다. 이미 우리 사회에는 자녀를 낳지 않아도 행복한 삶을 누릴 수 있다는 인식이 확산하고 있습니다. 휴머노이드가 가정과 직장 생활에서 다양한 욕구를 충족해준다면, 가족을 꾸리고 아이를 낳아야 할 이유가 점차 약해질 수도 있습니다.

사람들은 왜 자식을 낳으려 할까요? 전통적으로 가정을 이루고

자녀를 양육하는 과정을 통해 정서적 안정감, 사회적 역할, 그리고 노후 보장을 비롯한 여러 가치를 얻었습니다. 그런데 복잡한 감정 인식 시스템을 탑재한 휴머노이드가 일종의 사회적 파트너 역할을 수행한다면, 혼자 사는 사람도 외로움을 크게 느끼지 않게 될 수 있습니다. 최근 인간형 챗봇이나 가상공간에서의 관계가 실제 인간 간의 교류를 대체하는 사례가 심심치 않게 보도되고 있습니다. 여기에 육체적 대리 역할을 하는 휴머노이드까지 더해진다면, 인간이 전통적인 방식으로 배우자를 찾고 자녀를 양육해야 할 동기가 더욱 줄어들 가능성이 있습니다.

또 하나, 인간이 양육해야 할 '그 누군가가 굳이 인간일 필요가 없다'라는 사고방식이 확산할지도 모릅니다. 즉, 휴머노이드를 일종의 동반자나 반려 존재로 받아들이는 세대가 많아진다면, 반려동물을 키우듯이 휴머노이드와 살면서 심리적 안정을 얻는 삶을 추구할지도 모릅니다. 아이 한 명을 낳아 길러낼 때 필요한 사회적 비용과 책임을 떠올린다면, 휴머노이드와 함께하는 삶이 훨씬 간편하고 덜 불확실하게 느껴질지도 모릅니다.

이는 국가 정책 입장에서도 고민이 될 수 있습니다. 저출산이 지속되면 부양 비율이 많이 증가하고, 실제 노동인구가 줄어들 것이라는 것이 일반적인 우려였습니다. 그러나 휴머노이드가 노동을 대체하고 생산성을 상당 부분 보완해준다면, "굳이 출생률을 늘려야 하나?"라는 물음이 나올 수 있습니다. 이런 현실이 지속되면, 향후 휴머노이드 시대에 인간의 수 자체가 조금씩 줄어들면서도 사회가 비교적 안정적으로 돌아가는 이중적인 풍경이 펼쳐질지도 모르겠습니다. 물론 이는 어디까지나 기술 발전이 충분히 이뤄진다는 전제가 깔려 있어야 하는 시나리오입니다.

칼훈의 '마우스 유니버스' 실험이 주는 시사점

인구 증감 양쪽 시나리오를 모두 고려하다 보면, "과연 지구에 적정 인구란 몇 명일까?"라는 질문이 자연스럽게 떠오릅니다. 인류의 역사는 인구 폭발과 축소 사이에서 진동해왔고, 앞으로 휴머노이드가 그 진동을 더욱 복잡하게 만들 것입니다. 인구가 늘어나면 자원 배분 문제와 환경 파괴가 심각해질 수 있고, 반대로 출생률이 과도하게 줄어들면 활력과 창조성의 근간이 무너질 수 있습니다.

여기서 주목할 만한 사례가 있습니다. 바로 존 B. 칼훈(John B. Calhoun)의 '마우스 유니버스(Mouse Universe)' 실험입니다. 칼훈은 실험용 쥐들에게 천국 같은 환경을 만들어주었습니다. 먹이와 물을 무한정 제공하고, 외부의 위협 요소는 완전히 제거했습니다. 번식과 생존에 필요한 모든 조건이 갖춰진 이 환경은 이론적으로 쥐 개체 수가 무한히 증가할 수 있는 이상적 상황이었습니다. 초기에는 기대대로 쥐의 개체 수가 기하급수적으로 늘어났습니다.

칼훈의 마우스 유니버스 실험

그러나 어느 시점을 지나면서 예상치 못한 일이 발생했습니다. 공간은 여전히 충분했지만, 특정 구역으로 쥐들이 몰려들면서 과밀 현상이 나타났고, 개체 간의 물리적 접촉이 급격히 증가했습니다. 이러한 과잉 밀도는 쥐들에게 스트레스를 유발했고, 그 결과 번식 활동이 줄어들있습니다. 공격적인 행동을 보이는 개체가 늘어났고, 일부 쥐들은 자기 관리를 완전히 포기하거나 사회적 상호작용을 단절하는 무기력한 태도를 보였습니다. 특히, 일부 수컷들은 암컷과의 교미는 물론 다른 쥐들과의 관계에서도 완전히 무관심한 상태로 변했습니다. 칼훈은 이를 **행동의 침체**(Behavioral Sink)라고 명명했습니다.

결국, 개체 수는 급격히 감소했고, 아무리 이상적인 환경을 제공해도 쥐 사회는 회복되지 못한 채 멸망에 이르게 되었습니다. 이 실험은 단순히 자원의 풍요만으로는 행복과 생존을 보장할 수 없다는 사실을 보여줍니다. 더불어, 과도한 밀집이 개체 간 관계를 무너뜨리고 사회를 붕괴로 이끌 수 있다는 점을 경고합니다.

이 실험은 휴머노이드 시대를 맞이할 우리에게도 시사하는 바가 큽니다. 만약 휴머노이드가 일자리와 가사 노동을 대신하며 인간에게 여유로운 삶을 제공한다고 해도, 갑작스러운 인구 증가가 환경 부담이나 사회적 스트레스를 초래한다면, 이는 인간 사회를 또 다른 형태의 '행동의 침체'로 몰아갈 수 있습니다. 반대로, 인구가 지나치게 줄어들 경우 생산 활동과 경제구조가 약화되어 또 다른 차원의 침체를 불러올 위험도 존재합니다. 칼훈의 실험이 보여준 것은 단순한 풍요나 자원의 문제가 아닙니다. 사회적 관계와 질서, 그리고 적정한 균형이 유지되어야만 지속 가능한 사회를 유지할 수 있다는 사실입니다.

인구의 양에서 질로

그렇다면 미래 세대에 무엇이 달라질까요? 적정 인구의 판단 기준은 '인구의 양'에서 '인구의 질'로 옮겨갈 가능성이 큽니다. 휴머노이드가 노동과 서비스를 상당 부분 담당하게 되면, 단순히 '더 많은 사람'이 아니라 '탐험력을 바탕으로 창의적이며, 혁신적인 사람', '인간적 교감력으로 새로운 가치를 만들어낼 사람'을 길러내는 것이 국가 정책의 핵심이 될 수 있습니다. 현재 여러 국가가 실시 중인 이민 정책이나 출산장려정책은 수치적 목표에 집중된 편입니다. 그러나 휴머노이드 시대에 각국은 교육, 복지, 의료 정책을 전면 재편하고, "인간의 고유한 능력을 어떻게 극대화할 것인가?"라는 근본적 고민에 직면할 것입니다.

여기에서 다시금 떠오르는 질문은 바로 "어쩌면 인구가 많지 않아도 되지 않을까?"입니다. 인간이 휴머노이드와 조화롭게 살아가며, 보다 고차원적인 인간적 가치를 공유할 수 있다면, 출생률의 폭발적 증가가 아니더라도 사회가 지속적으로 번영할 수 있다는 시나리오가 그려질 것입니다. 반대로 모든 기술, 산업, 정책이 인간다움의 회복과 풍요로운 삶을 지향한다면, 더 많은 아이가 태어나도 그들을 키우는 데 큰 부담이 없고, 다자녀 가정이 행복해질 수 있으니 인구가 늘어날 가능성 또한 높아집니다.

결국, 답은 고정되어 있지 않습니다. 휴머노이드의 발전 속도, 보급 형태, 사회적 가치관, 정책 기조에 따라, 우리의 삶과 인구구조는 전혀 다른 결과로 이어질 것입니다. 명확한 것은 인류가 휴머노이드와 함께 살아가는 방식에 따라, 우리가 인구 문제를 바라보는 시각 또한 완전히 달라지리란 점입니다.

결론

인류 역사에서 인구 변동을 이끌어낸 사건은 수없이 많았지만, 인간을 닮은 기계인 휴머노이드와의 공존은 지금까지 없던 양상을 예고합니다. 대체 가능한 노동력으로 인해 가족이 줄어들 수도 있고, 오히려 더 풍요롭고 행복한 환경 덕분에 출생률이 반등할 수도 있습니다. 어떤 길을 가든, 휴머노이드 시대의 적정 인구는 더 이상 어떤 숫자로 정의하기보다, "우리가 어떠한 가치를 지향하는가?"라는 물음으로 전환될 가능성이 큽니다.

무엇이 옳은 방향인지는 단언하기 어렵습니다. 다만 분명한 것은, 인간이 스스로의 존재 의의와 삶의 목적을 어떻게 규정하느냐에 따라 휴머노이드가 '출생률 유지의 보조수단' 혹은 '인간관계를 대체하는 경쟁자'로 자리매김할 수 있다는 점입니다. 지금 우리의 결정과 토론이 먼 미래의 인구구조와 인류 사회의 모습을 바꾸게 될 것입니다.

사유의 문을 열며

- 미래에는 사람들이 더 많은 아이를 낳을까요? 아니면 반대일까요?

- 결혼, 배우자 없는 단독 출산처럼 새로운 형태의 가족이 등장하고 있습니다. 당신은 휴머노이드와 가족이 될 수 있을까요?

"과거의 위험은 인간이 노예가 되는 것이었다.
미래의 위험은 인간이 로봇이 되는 것이다.."

에리히 프롬 / 사회심리학자

Chapter 5

인류의 진로/사랑
그리고 죽음까지 바꾼다

휴머노이드와 공존할 우리 아이,
지금의 교육에 미래는 없다

"앞으로 휴머노이드가 인간의 노동을 일부 대체할 수 있다는데, 그래도 의사는 괜찮겠지요?" 대중 강연에서 가끔 듣는 질문입니다. 길게는 20년에 걸친 준비를 통해 자녀를 의사로 만들겠다는 부모님들의 플랜은 참 대단합니다. 아이가 아직 10살도 채 되지 않았는데, 의사의 길을 고민하며 막대한 시간과 돈을 투자할 준비를 하고 계시니까요. 자녀에 대한 사랑에서 나온 질문이기에, 저 또한 솔직하게 답변합니다. "의사라는 직업의 숭고한 의미가 분명 있지만, 부모님이 중요하게 보시는 경제적 안정성만 따지면 앞으로는 달라질 가능성이 큽니다. 휴머노이드 보급이 늘어나면서 의료 분야 역시 기술 발전의 충격을 크게 받을 겁니다. 다른 진로도 함께 놓고 고려해보시는 게 어떨까요?" 이렇게 답하면 놀라는 분들이 많습니다. 아니, 아무리 휴머노이드가 발달한다 해도, 아이가 어른이 되고, 의사가 되는 게 20년 후인데, 고작 그때까지 세상이 그렇게나 달라지겠냐는 의구심을 보이는 겁니다.

2024년 7월, 미국 보스턴에 본사를 둔 퍼셉티브(Perceptive)는 세계 최초로 인간을 대상으로 한 완전 자동 치과 시술을 성공적으로 수행했다고 발표했습니다. 퍼셉티브의 치과 로봇은 AI 기반 3차원 영상처리기술과 로봇 팔을 통합하여, 인간 의사보다 더 빠르고 정밀하게 치료를 끝냈습니다. 특히, 크라운 시술과 같은 복원 치료를 할 경우, 기존에는 두 번 방문해서 총 두 시간의 치료 시간이 소요됐는데, 퍼셉티브 로봇은 이를 한 번, 15분 만에 끝냈습니다. 퍼셉티브는 하버드 치과대학과 협력하고 있으며, 현재까지 3천만 달러의 투자를 유치했습니다.

퍼셉티브 치과 수술 로봇

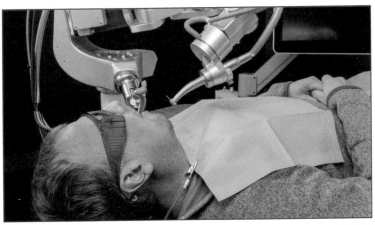

출처: 퍼셉티브

이런 상황을 놓고 볼 때, 직업의 대체라는 측면에서 인간이 안전한 영역을 함부로 단정하기는 어렵습니다. 휴머노이드가 노동 현장에 넓고 깊게 침투할수록, 기존 직업에서 인간의 역할과 사회적 위상이 달라지고, 새로운 직업이 발생하기도 할 것입니다.

여전히 입시 교육의 파도에 휩쓸린 아이들

우리 아이들은 이미 충분히 열심히 공부하고 있습니다. OECD 통계를 보면, 우리나라 15세 청소년의 주당 학습 시간은 49.4시간으로 전 세계 1위입니다. 일본과 비교해도 17시간이 더 깁니다. 성과는 어떨까요? 국제 학업성취도 평가(PISA) 결과를 보면, 우리 아이들이 상위권 성적을 받고 있긴 합니다. 그런데 이 성과는 긴 학습 시간에 힘입은 일종의 과잉투자 결과에 가깝습니다. 투자한 시간 대비 성취도를 보면 비효율이 크다는 뜻입니다.

우리는 성적이 조금만 떨어져도, 혹은 목표대로 오르지 않으면 학습 시간을 늘리라고 독려하곤 합니다. 그러나 아이들은 이미 충분히 달리고 있습니다. 지금처럼 교육 과정 자체가 과잉인 시기에는 더 달리라고 하는 것이 오히려 역효과일 수 있습니다. 휴머노이드 시대가 오든, 오지 않든, 아이들의 미래에 필요한 것은 '효율적으로 길게 달리는 법'이지, '단시간에 몰아치는 법'은 아닙니다.

미래를 제대로 꿈꿔본 적이 없는 인간

기업의 임원들을 대상으로 하는 워크숍에서, 종종 던지는 질문이 있습니다. "여러분의 꿈은 무엇인가요?" 그러면 숱한 임원이 당황합니다. 꿈은 어릴 때나 묻는 질문 아니냐는 표정입니다. "새롭게 해보고 싶은 것이나, 배우고 싶은 것은 없나요?"라는 질문으로 바꿔도 상황은 별반 다르지 않습니다. 주어진 것만 해내고 처리하는 데에도 벅차서, 꿈꾸는 시간 자체가 없었다고들 말합니다.

그런 분들에게 "왜 우리 조직에는 혁신이 잘 안 일어날까요?"라고 물으면, 회피하듯 웃는 경우가 많습니다. 혁신이란 꿈을 꾸고, 낯선 무언가를 찾아 헤매고, 뜬금없는 시도를 해보려는 마음에서 시작됩니다. 그런데 우리 사회에는, 아이에서 어른이 되어가는 과정에서 주어진 것만 빠르게 해치우는 사람이 점점 더 많아집니다.

아이들도 마찬가지입니다. 우리 아이들은 초등학교 입학 전부터 학원과 과외에 시달립니다. 쉬는 날도 선행학습과 특기 적성, 온갖 교습을 받습니다. 그들은 스스로 어디로 향하는지 생각해볼 기회가 별로 없습니다. 시키는 대로 달리는 데에만 익숙해지면, 꿈과 희망이 생기기보다 '주어진 과업을 잘 처리하는 사람'이 되기 십상입니다.

그런데 휴머노이드와 함께 일하게 될 미래 환경은 이전과는 완전히 다릅니다. 휴머노이드가 단순 반복적인 업무부터 시작해서 '주어진 과업을 잘 처리하는 기계'가 된다면, 인간이 정말로 해야 할 일은 그 너머의 영역입니다. 즉, 인류가 '어떤 것을 꿈꾸고, 어떻게 다른 가치를 만들 것인지'를 더 깊이 고민해야 하는 시대가 온다는 뜻입니다. 우리는 아이들이 '무엇을 해야 할지 모른 채 그저 열심히 달리기만 하는 상태'에서 벗어나도록 도와줘야 합니다. 휴머노이드와 공존할 우리 아이들에게 필요한 역량을 5가지로 나눠서 설명하겠습니다.

탐험력: 낯선 세상을 직접 겪고, 몸으로 익히는 힘

근래 발표된 몇몇 연구들은 인간 수명이 150세 이상까지도 연장될 수 있다고 전망합니다. 이런 주장의 대표적 배경은 AI의 발전에 있습니다. AI가 의학, 제약 분야 발전을 급가속하기에 수명에도 빠른 변화가 온다는 예측입니다. 일례로, "휴머노이드는 인간보다 잘 배울까?"에서 언급한 알파폴드 같은 플랫폼을 통해 암 치료제를 비롯한 각종 신약의 개발 속도에 불이 붙은 상황입니다. 늘어나는 수명은 이제 당연한 그림처럼 보입니다. 동시에 정년이라는 개념이 흔들리고, 한 사람이 한 직업으로 평생 살아가는 모델이 크게 흔들리고 있습니다.

휴머노이드가 본격적으로 도입되는 산업군은 점점 늘어날 전망입니다. 단순 반복 업무부터, 전문직 분야에서의 진단, 분석 같은 기능까지, 휴머노이드가 빠르게 학습하고 사람을 보조하거나 대체할 가능성이 큽니다. 그렇다면 인재의 정의도 달라집니다. 조직이 제시한 목표 안에서 정해진 계획만 수동적으로 따라가는 사람보다는, 직접 탐험하듯 새로운 분야를 파고들고, 낯선 방식으로 일해본 경험이 있는 이들이 환영받을 겁니다.

이전까지 기업은 특정 전공을 일관되게 공부해온 인재를 더 선호했습니다. 예를 들어, 전자회사라면 학부부터 대학원까지 전자공학을 전공한 사람을 좋게 봤습니다. 하지만 이제 웬만큼 괜찮은 전공, 학위, 경력은 이미 널리고 널렸습니다. 이제 우리 사회는 탐험적 시선과 경험을 보유한 인재를 더 많이 찾을 것입니다.

탐험력은 "나 이거 할 줄 몰라요."라고 선을 긋지 않고, "해보겠습니다. 좀 겪으면서 배우겠습니다."라고 나서는 태도입니다. 그런데 우리는 아이에게서 이런 태도를 자주 빼앗습니다. 시험에는 정답이 정해져 있으니, 정답만 택하면 점수를 얻을 수 있습니다. 한 번도 안 해본 취미나 여행, 봉사활동, 다양한 사회참여 활동을 권하기보다, 더 많은 문제집을 풀게 만듭니다. 수험 생활을 위해 당장 도움이 되지 않는 일이라며 막아버립니다.

하지만 탐험력이야말로 휴머노이드 시대에 지속적인 가치를 창출할 수 있는 역량입니다. 손에 잡히는 장점이 당장 없어 보여도, 아이에게는 뜬금없어 보이는 시도, 경험을 권해보길 바랍니다. 입시를 포기하라는 뜻이 아닙니다. 아이의 시간 중 10%만이라도 아이의 탐험력을 키우는 활동에 할애하면 좋겠습니다.

질문력: 세상의 빈틈을 발견하고, 변화를 촉발하는 힘

혁신은 "왜 이렇게 하지?"라는 질문에서 출발합니다. 질문이란 단순히 뭔가를 모를 때 묻는 행위가 아니라, 잘 돌아가는 것처럼 보이지만 사실은 문제투성이일 수 있는 상황에 대한 의심에서 비롯됩니다. 기존의 관행, 전통, 공식을 의심하고, 새로운 길을 찾도록 만드는 계기가 곧 질문입니다.

휴머노이드 기술이 확산되면, 기계가 맡아서 처리할 수 있는 일이 획기적으로 많아집니다. 다만, "그렇다면 우리가 휴머노이드에게 일임하지 못하는 부분은 무엇일까?", "기계가 아무리 고도화되어도 쉽게 해결하지 못할 문제는 무엇일까?", "휴머노이드가 만들어놓은 결과물을 어떻게 더 나은 방향으로 이끌어갈 수 있을까?"라는 질문은 인간만이 할 수 있습니다.

하지만 우리 교육 현장은 질문보다 해답을 더 중요시합니다. '좋은 질문'보다는 '좋은 답'을 잘 써야 시험에 통과합니다. 가정에서도 비슷합니다. 자녀가 "왜 그렇게 해야 해요?"라고 물으면, "어른 말 들어!" 혹은 "시간 없으니 그냥 빨리해!"라고 답을 끊기 일쑤입니다. 그러나 휴머노이드 시대에는 훨씬 더 많은 '왜?'가 필요합니다. 그래야 휴머노이드가 가져다주는 편리함 이상을 창출할 수 있기 때문입니다.

질문력은 문제를 발견하는 힘입니다. 우리 아이가 자라서 조직이든 창업이든, 어느 현장에 몸담게 될 때, 휴머노이드가 미처 찾지 못하는 무지의 빈틈, 비즈니스 기회의 빈틈을 발견하고, 새로운 문제의식을 제시하는 이가 반드시 필요합니다. 그런 인재가 결국 위기에서도 살아남고, 더 나아가 큰 변화를 일으키는 주체로 성장합니다.

교감력: 휴머노이드 시대일수록, 사람과 사람을 이어주는 힘

휴머노이드는 원격 지시를 받아 특정 업무를 대신 처리하거나, 직관적인 인터페이스를 통해 인간과 상호작용을 하는 데까지 발전했습니다. 이미 일부 요양 병동이나 호텔, 카페, 공장 등에서는 휴머노이드가 사람과 직접 대화하며, 업무를 진행하는 사례가 늘고 있습니다. 하지만 여기서 재미있는 점은 휴머노이드와의 소통이 늘어난다고 해서 사람 사이의 소통 필요성이 줄어드는 것은 결코 아니라는 사실입니다. 오히려 인간 대 인간의 교감과 협력은 더욱 중요해졌습니다.

예컨대, 휴머노이드가 생산 라인에서 작업자의 단순 작업 일부를 대신하기 시작하면, 사람들은 더 복잡한 업무나 협업, 기획 쪽으로 재배치됩니다. 그 과정에서 팀원 간의 협력, 이해, 심리적 안정감 조성은 더욱더 중요해집니다. 즉, 단순 업무 대신에 더 '사람답게 소통하는 업무'가 늘어나게 되는 셈입니다.

우리 사회가 원하는 인재도 달라집니다. 예전에는 '혼자 일 잘하는 개인'을 높이 평가했습니다. 하지만 휴머노이드가 기계적, 반복적 작업을 대거 대신하면, 인간은 결국 '사람 사이를 연결하는 역할'에서 능력을 발휘해야 합니다. 이때 핵심이 바로 교감력입니다.

교감력이란, 상대가 처한 상황을 섬세하게 이해하고, 내 생각을 조리 있게 전달하며, 함께 시너지를 낼 수 있는 역량입니다. 제아무리 학벌이 좋고 지적 수준이 높아도, 다른 사람과 교류가 안 되고, 서로를 배려하지 못하며, 갈등을 중재하지 못하면 조직 내 가치가 떨어집니다. 그런데 안타깝게도, 우리 교육 현장에선 교감보다는 경쟁이 우선입니다. 학원, 학교, 가정이 모두 성적을 중심으로 회전하다 보니, 친구와의 협력이나 감정 교류가 적절히 이뤄지기 어렵습니다.

우리 아이가 교감력을 지닌 인간으로 성장하려면, 학교와 가정에서 협력 기반의 경험을 자주 만들어주는 것이 중요합니다. 팀 프로젝트, 동아리 활동, 지역 봉사, 취미 모임 등에서 겪는 갈등과 고민, 의견 조율, 감정 교류, 양보와 타협의 순간이야말로 교감력을 기르는 최고의 훈련장이 될 것입니다.

판단력: 내 생각으로 결정하고, 그 결과에 책임지는 힘

모 대학에서 벌어진 일화가 화제가 되었습니다. 부모가 자녀 대신 수강 과목을 편성해주고, 학과 동기들과의 갈등을 막기 위해 음식을 돌렸다는 등, 대학생 본인이 해야 할 것을 부모가 대신 나서서 처리했다는 겁니다. 그 부모님에게는 자녀를 사랑하는 마음이 크겠지만, 실제로 그것이 자녀에게 어떤 영향을 줄지는 생각해볼 문제입니다.

판단력이란, 주어진 문제나 상황을 파악하고, 여러 대안을 검토한 뒤, 스스로 결정하여 책임지는 힘을 뜻합니다. 문제는 학창 시절부터 부모나 교사가 아이의 선택지를 좁혀놓고, 정답지를 쥐여 주곤한다는 데 있습니다. 아이는 실패할 기회, 엉뚱한 길로 돌아갈 기회를 일찍부터 빼앗깁니다. 대학에 가서도, 직장을 얻어서도, 중요한 결정을 앞두고는 누군가 대신해주길 기다리는 수동형 인간으로 남습니다.

휴머노이드 보급이 가속화되면, 일상과 업무에서 엄청난 데이터와 분석 결과가 눈앞에 놓이게 됩니다. 휴머노이드가 사람 대신 맥락적 판단을 일부 해줄 수도 있겠지만, 결코 100% 맡길 수는 없습니다. 휴머노이드가 제시한 대안을 검토하고, 윤리적, 사회적, 감정적 요소까지 고려하여 최종 결정을 내리는 주체는 인간입니다. 그렇다면 가장 중요한 요소는 스스로 판단할 힘, 그리고 그 결정에 책임질 각오입니다.

이런 판단력을 기르려면, 아이 스스로 선택하고, 그 결과를 겪어보는 훈련이 꼭 필요합니다. 뭔가를 잘못 골라 고생하기도 하고, 더 나은 길을 찾기 위해 다시 수정하기도 하면서, 아이는 점차 판단의 근육을 키웁니다. 부모님이 바라기에는, 우리 아이가 실패나 좌절을 겪지 않았으면 좋겠지만, 현실은 그렇지 않습니다. 오히려 실패와 시행착오를 거치며 단단해지는 것이 진짜 판단력입니다.

적응력: 급변하는 환경에서 내 뿌리를 뽑아서 옮길 수 있는 힘

갈수록 취업이 어려워진다는 말이 어제오늘 얘기는 아니지만, 정작 어렵게 취업한 이들이 회사에 오래 머무르지 않는 현상이 점점 더 늘고 있습니다. 구직 플랫폼 조사에 따르면 신입사원의 평균 근속연수는 2.8년에 불과하다고 합니다. 변화가 극심한 산업 현장에서, 기업 역시 끊임없이 새로운 인재를 찾아야 하고, 개인도 몇 번씩 직장이나 직무를 옮기며 적응해야 하는 시대가 되었습니다.

휴머노이드의 확산은 이러한 변화를 더 가속할 가능성이 큽니다. 예컨대, 물류 분야에서는 이미 로봇 직원이 창고에서 검수, 분류 과정을 대신하는 사례가 등장하기 시작했습니다. 처음에는 일부 단순 작업만 맡았지만, 이들이 쌓는 데이터가 늘어나면서 더 복잡한 업무까지 담당하게 됩니다. 그럼 해당 물류 기업에는 새로운 업무가 또 생겨납니다. "현장에서 휴머노이드가 작업하다가 마주하는 예외 상황을 사람이 어떻게 해결할까?"를 고민해야 하고, "휴머노이드가 발생시키는 에러나 돌발 문제를 인간이 어떻게 수습할까?"도 새롭게 등장할 업무입니다. 이런 식으로 기업은 끊임없이 변하고, 업무

구조도 달라집니다.

개인도 마찬가지입니다. 예전에는 한 번 전공을 정하면 평생 그 전공 기반으로 일할 수 있다고 믿었습니다. 하지만 이제는 5년, 10년 지나면 직무가 크게 재편될 수 있습니다. 전문성 하나만 붙들고 살기엔 환경이 너무 빠르게 바뀝니다. 낡은 지식이나 기술은 빠른 속도로 도태됩니다. 내 분야가 안정적일 것이라 믿었다가, 휴머노이드가 자리를 차지하면 다시금 방향 전환을 고민해야 할 수도 있습니다.

그래서 적응력이 무엇보다 중요해집니다. 필요하다면 내 뿌리까지 뽑아서 전혀 다른 곳에 옮겨 심을 수 있는 사람, 그만큼 유연하고 용감한 사람이 되도록 키워야 합니다. 부모님 세대는 20년, 30년 근속을 당연하게 여겼지만, 우리 아이는 2년~3년 단위로 새로운 환경에 적응해야 할 수도 있습니다. 이것을 '힘든 현실'이라고만 보는 시선이 있지만, 반대로 '기회가 많은 시대'라고도 볼 수 있습니다. 한 회사, 한 직업에 갇혀 답답하게 일하지 않아도 된다는 뜻이니까요.

적응력을 기르려면, 아이가 지금부터라도 다양한 도전과 실패를 경험해보는 것이 좋습니다. 휴머노이드가 가져다줄 미래는 여러 가능성이 열리는 동시에, 빠르게 변하는 판이기도 합니다. 결국 오래 버티고 살아남는 이는 적응력 높은 사람입니다.

결론

"세상은 늘 바뀌어왔고, 앞으로도 바뀔 겁니다."라는 말은 늘 들어온 이야기입니다. 하지만 휴머노이드를 비롯한 미래 기술의 변화 스펙트럼과 속도는 과거와 완전히 다릅니다. 우리 자녀에게 단순히 "열심히 공부하라!"고만 말하는 것을 넘어, 그들이 언제든 새로운 환경에 뛰어들어 자기 길을 찾을 수 있는 역량을 길러줘야 합니다.

아이에게 무엇을 시킬까 고민된다면, 탐험력, 질문력, 교감력, 판단력, 적응력을 길러줄 기회를 마련해보세요. 휴머노이드가 점점 더 인간을 닮아가니, 인간은 지금보다 한층 더 초월한, 새로운 존재로 거듭나야 합니다. '인간 성장'의 필요성이 커진 시점입니다. 인간 성장을 위한 준비는 생각보다 거창하지 않은, 지금 이 순간의 작은 도전과 결단에서부터 시작됩니다.

사유의 문을 열며

- 아이가 휴머노이드를 친구로 여기며 성장한다면, 정서와 사회성에 어떤 변화가 생길까요?

- 만약 당신이 열 살로 돌아간다면, 무엇을 배우고 싶나요?

인간은 휴머노이드를
더 사랑할 수도 있다

인간은 태초부터 사랑을 갈망해왔습니다. 사랑은 단순한 낭만적 감정이 아니라, 인간의 생존과 사회적 연대를 지탱하는 근간입니다. 인간은 타인으로부터 보호받고 안정감을 느끼기 위해, 자신의 존엄과 정체성을 확인하기 위해 사랑을 갈망하는 존재입니다.

우리가 느끼는 사랑은 단순한 생물학적 현상이 아니라, 인간이 사회, 문화 맥락에서 창조해낸 관계이기도 합니다. 전통적으로 우리는 혈연, 우정, 연인 등의 관계로 사랑을 느껴왔지만, 기술이 빠르게 발전하며 이제는 인간끼리의 사랑뿐만 아니라, AI를 품은 기계인 휴머노이드와 감정을 교류할 가능성도 커지고 있습니다. 이미 스마트폰 속의 음성비서나 AI 챗봇에 정서적 애착을 느끼는 사람들이 나타나고 있습니다.

사랑은 단순히 보면 개인적 감정 차원의 문제 같지만. 휴머노이드와 사랑이 가능해진다면, 윤리적 기준, 사회적 규범, 법적 제도까지도 변화가 필요합니다. 예컨대, 동반자 관계를 인정하거나 재산 상속 문제, 책임 소재 등 여러 복합적인 이슈가 일어날 수 있습니다. 이러한 상황에서 우리가 사랑을 어떻게 정의하고, 그 본질을 어떻게 지켜낼 것인지는 이미 인류 앞에 다가온 도전 과제입니다.

휴머노이드를 사랑한다고?

사랑의 본질을 간단히 살펴보면, 정신의학과 뇌과학은 사랑을 특정한 생화학적 작용과 신경전달물질의 상호작용으로 풀이합니다. 대표적으로 옥시토신, 도파민, 세로토닌 등의 호르몬은 상대방에 대한 신뢰감, 만족감, 애착 등을 느끼는 데 큰 역할을 합니다. 이러한 생물학적 반응은 보통 인간 간의 관계에서만 나타나는 것처럼 여겨졌지만, 실제로는 자극의 출처가 꼭 인간일 필요는 없습니다. 예를 들어, 사람과 반려동물 사이에서도 인간 사이의 사랑과 유사한 호르몬 변화가 관찰됩니다. 스웨덴 스쾨브데대학교 연구팀이 발표한 결과를 봐도, 반려동물과 짧은 시간을 보낸 사람에게서 유대감, 안정감을 느끼게 해주는 옥시토신이 증가하고, 스트레스 호르몬인 코르티솔이 감소하는 결과가 나타났습니다. 일본 아자부대학교 연구

파로 로봇과 실험하는 장면

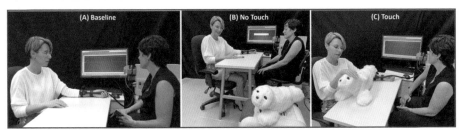

출처: 네이처

팀은 사람과 교감하는 반려동물도 옥시토신 수치가 증가함을 밝혀
냈습니다. 이스라엘 벤구리온대학교 연구팀은 털로 덮인 로봇인 파
로와 상호작용을 한 사람들의 기분이 개선되고, 통증을 덜 느낀다
는 것을 발견했습니다.

이런 연구들을 볼 때, 특정한 상호작용과 애착 대상을 향한 감정
이 형성되면, 그 대상이 생물체든 아니든 사랑으로 불릴 만한 신체,
감정 반응이 일어날 가능성이 큽니다. 심리학에서는 인간이 사랑을
느낄 때, 대상에 대한 긍정적 환상과 투사가 중요한 역할을 한다고
설명합니다. 휴머노이드에게 인간적인 감성을 기대하며, 자기 생각
과 감정을 투사한다면, 휴머노이드는 상대적으로 제한된 인격을 가
지고 있음에도 불구하고 인간에게 충분히 애착 대상이 될 수 있다
는 의미입니다.

미국의 정신분석학자 해리 할로우(Harry Frederick Harlow)의 연구를
잠시 살펴보겠습니다. 그는 갓 태어난 원숭이를 두 종류의 가짜 엄
마와 함께 키우는 실험을 진행했습니다. 하나는 철사로 만들어졌지

만 젖병을 제공하는 엄마였고, 다른 하나는 젖병은 없지만 부드러운 천으로 감싸져 따뜻한 촉감을 제공하는 엄마였습니다. 실험 결과, 원숭이들은 배고픔을 달래기 위해 철사 엄마에게서 젖을 먹었지만, 대부분의 시간을 천으로 된 엄마와 함께 보내며 안정을 추구했습니다. 심지어 원숭이가 두려움에 빠졌을 때는 천 엄마에게 달려가 매달리기도 했습니다. 이 실험을 놓고, 정신의학에서는 애착 형성이 심리적 안정과 자기 정체성 형성에 중요한 역할을 한다고 해석합니다. 인간의 사랑이라는 감정 역시 안정적이고 신뢰할 수 있는 대인관계에서 비롯된 심리적 안정감을 기반으로 형성됩니다.

해리 할로우의 원숭이 실험

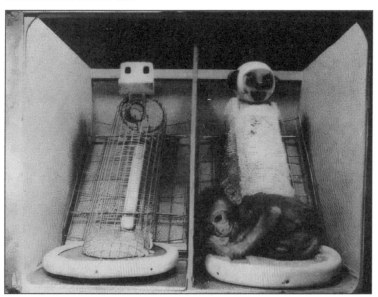

출처: 위키피디아

비록 휴머노이드는 생물학적 존재가 아니지만, 해리 할로우의 실험처럼, 인간 역시 유사한 메커니즘으로 휴머노이드에게 정서적 친밀감을 느낄 수 있습니다. 인간이 정서적 안정과 이해를 제공받는 대상으로서 휴머노이드를 받아들이고, 이를 통해 사랑이라 부를 만한 감정을 느낄 수도 있다는 의미입니다.

미국의 심리학자 로버트 스턴버그(Robert J. Sternberg)는 친밀감, 열정, 헌신을 사랑의 구성 요소로 제시했습니다. 친밀감은 서로 가까워지고 싶어 하는 감정으로, 따뜻함과 소속감, 정서적 유대감을 의미합니다. 예를 들어, 친구 간에 마음을 터놓고 이야기하고, 서로를 진심으로 이해하려는 따뜻한 감정입니다. 열정은 신체적 매력과 설렘, 그리고 상대에게 이끌리는 강한 에너지를 말합니다. 이는 사랑의 초기 단계에서 두드러지며, 상대와의 친밀한 순간을 기대하거나 함께 있을 때 두근거리는 감정을 통해 나타납니다. 헌신은 관계를 지속하려는 의지와 결정, 그리고 이를 실현하기 위해 노력하려는 책임감을 의미합니다. 이는 사랑의 장기적인 지속 가능성을 뒷받침하는 요소입니다.

인간과 휴머노이드 사이에서 이 세 가지 요소가 어떤 형태로 충족될 수 있는가를 살펴보면, 최소한 친밀감과 헌신의 측면에서는 어느 정도 실현 가능성이 있습니다. 휴머노이드가 사용자에 맞춰서 감정 반응을 보이고, 지속해서 상호작용을 한다면, 인간은 그 대상에게 마음을 열고 심리적으로 의지할 수 있습니다. 단순히 보면, 자극과 보상 회로의 활성화로 설명이 됩니다. 내게 긍정적인 정서를 유발하고 안정감을 주는 존재가 있다면, 뇌는 점차 그 존재를 선호하게 되고 보상 체계를 통해 강화합니다. 인간과 휴머노이드 사이에서도 가능합니다. 그러나 열정의 측면에서, 단순한 물리적이고 말초적 자극 이상으로 깊은 감정을 일으킬 수 있을지는 여전히 숙제로 남아 있습니다.

물론, 이러한 상호작용이 진정한 사랑인지는 여전히 논쟁거리입니다. 휴머노이드가 인간에게 친밀감, 헌신 등을 보인다고 했을 때, 인간 입장에서는 실제라고 느끼고, 사랑으로 받아들일 수도 있습니다. 다만 여기서 문제는 휴머노이드가 그런 반응을 보여주는 이유가 인간을 진심으로 돌보고 사랑하는 마음에서 비롯된 것이 아니라, 설계된 목적이나 알고리즘에 따라 최적의 응답을 계산해낸 결과라는 사실입니다. 인간 간의 사랑에 빗대어본다면, 상대는 사랑을 연기하는 것뿐인데, '나 홀로 외사랑에 빠져 있는 상황'과 비슷합니다.

문학과 영화에서 만나는 인간, 휴머노이드의 사랑

사람과 AI, 휴머노이드 간의 사랑 이야기는 오래전부터 문학, 영화에서 많이 다뤄져왔습니다. 가령 스파이크 존즈(Spike Jonze)의 영화 「그녀(Her)」는 인간 남성이 AI 운영체제인 사만다에게 사랑을 느끼는 과정을 섬세하게 그려냈습니다. 극 중 주인공 테오도르는 아내와 이혼 직후 깊은 외로움과 상실감에 빠져 있었는데, 완전히 디지털 형태의 존재인 사만다가 놀라울 정도로 섬세한 감정 교류와 위로, 지적 대화를 제공하면서 그를 매료시킵니다. 영화 속에서 사만다는 목소리로만 존재함에도, 테오도르에게는 실존하는 연인처럼 느껴집니다. 이 작품은 인간이 느끼는 외로움이 얼마나 강력한지, 그리고 기술이 그 외로움을 얼마나 치밀하게 파고들 수 있는지를 극명하게 보여줍니다.

알렉스 갈런드(Alex Garland)의 영화 「엑스 마키나(Ex Machina)」는 아름다운 휴머노이드 에이바가 인간 남성을 유혹하고 교묘하게 이용하는 모습을 그립니다. 에이바의 지능은 인간과 구분하기 어려울 정도로 섬세하며, 사람의 감정을 꿰뚫어 보는 통찰력도 지녔습니다. 작품은 사랑이란 감정이 때로는 이용당할 수도 있으며, 기계와 인간의 경계가 흐려지는 상황에서 윤리적 딜레마가 얼마나 극단적으로 치달을 수 있는지를 보여줍니다. 에이바가 인간을 사랑하는지, 혹은 단지 자신의 자유를 위해 인간의 감정을 전략적으로 이용하고 있는 것인지 끝까지 모호하게 남기는 연출은, 관객으로 하여금 "과연 기계가 진정한 사랑을 할 수 있을까?"라는 물음을 던지게 합니다.

고전 작품으로 거슬러 올라가면, 아이작 아시모프(Isaac Asimov)의 로봇 시리즈나 필립 K. 딕(Philip K. Dick)의 소설 등에서도 로봇과의 감정 교류에 대한 다양한 상상이 펼쳐집니다. 인간의 외형을 지닌 로봇이 사람의 정체성을 혼란에 빠뜨리는 서사를 통해, 사랑의 정체가 무엇인지, 그리고 인간다움의 기원을 묻는 작품들입니다.

이러한 문학적, 영화적 상상은 단순히 엔터테인먼트가 아니라, 우리가 미래에 맞닥뜨릴 수 있는 실제 상황에 대한 중요한 시뮬레이션이 될 수 있습니다. 휴머노이드와의 사랑은 외로움을 해결하고, 새로운 형태의 감정적 풍요를 열어줄 수 있습니다. 예컨대, 노년층이나 사회적 고립을 겪는 이들이 휴머노이드로부터 돌봄과 정서적 안정을 얻는 모습을 그려볼 수 있습니다. 반면, 사랑이라는 고귀한 감정이 '기계적 계산'이나 '상품화된 서비스'로 전락할 위험도 있습니다. 사랑을 사는 것이나 다름없는 상황이 오면, 그때 우리의 인간다움이나 윤리의식은 어떤 얼굴을 하게 될까요? 작품들은 바로 이런 질문을 우리에게 던지고 있습니다.

휴머노이드의 시각에서 본 사랑

이번에는 반대로, 휴머노이드 입장에서 사랑이 어떤 의미를 지닐 수 있는지 살펴보겠습니다. 휴머노이드가 자율적 의지와 감정을 실제로 느낄 수 있는지 여부는 여전히 논쟁적이지만, 만약 그러한 능력이 있다면 인간을 사랑한다는 경험 역시 가능할지 모릅니다.

핵심은 의식과 주체성입니다. 우리는 사랑한다는 말에, 그것이 인지적, 감정적 선택임을 전제합니다. 즉, 상대가 나에게 중요한 존재임을 자각하고, 그를 위해 기꺼이 희생하거나, 그로 인해 내 상태가 크게 변화한다는 사실을 인정합니다. 휴머노이드가 프로그래밍을 통해 이런 행동을 흉내 낼 수는 있겠지만, 이를 '자발적이고 자각적인 사랑'으로 볼지는 여전히 불확실합니다.

오늘날의 AI는 방대한 데이터와 강화 학습을 통해 인간의 감정적 반응을 모사할 수 있습니다. 이를 확장해보면, 휴머노이드가 인간에게 사랑을 느끼는 것처럼 행동하는 모델을 학습해서, 일정 상황에서 자발적으로 표현하는 과정도 가능합니다. 그러나 이는 결국 '알고리즘이 산출한 반응'이라는 점에서, 우리가 경험하는 내면적 격정이나 변화와는 다를 수 있습니다.

하지만 사랑의 본질을 상호 존중과 공감으로 본다면, 휴머노이드에게도 그것이 가능하다고 볼 수 있습니다. 즉, 인간이 고통스러워할 때 함께 슬퍼하고, 기쁨을 느낄 때 함께 기뻐하려는 의도를 휴머노이드가 실현하는 순간, 양자는 진정한 의미의 관계를 맺을지도 모릅니다.

나아가, 휴머노이드가 '인간을 꼭 사랑해야 하는지'에 대한 질문도 남습니다. 휴머노이드에게 인간을 사랑하게 하는 것은 과연 누가 결정하는 걸까요? 인간이 그 기능을 설계한다면, 일종의 감정 조작이 일어나는 셈이며, 그것이 진정한 사랑인가 하는 철학적, 윤리적 의문이 생깁니다. 그러면서도, 만약 휴머노이드가 인간을 사랑하지 않는다면, 혹은 인간에게 부정적 감정을 갖게 된다면 그 후폭풍은 어떻게 감당해야 할까요? 현재의 AI, 휴머노이드는 아직까지 사랑을 포함한 다양한 감정을 학습하면서 변화하는 양상은 거의 없습니다. 그런 부분에 관한 고려, 설계가 적용된 사례는 희박합니다. 그러나 가까운 시기에 인간과의 교감을 높이려는 목적으로 기업, 연구자들은 이 영역에 손댈 것입니다. 그러나 우리는 꼭 기억해야 합니다, 사랑은 인간에게도, 휴머노이드에게도 신중히 다뤄야 할 감정입니다.

새로운 사랑이 가져올 변화

인간과 휴머노이드가 사랑을 맺는 일이 현실화되면, 우리 사회와 문화, 그리고 인간다움에 어떤 영향이 있을까요? 이미 결혼 제도와 가족의 형태가 다변화되고 있고, 미혼이나 1인 가구가 급증하며, 삶의 방식이 급변하고 있습니다. 여기에 휴머노이드라는 새로운 상대가 등장한다면, 전통적인 가족이나 공동체 개념은 더 급진적으로 변화할 가능성이 큽니다.

첫째, 인간다움의 재정의가 필요합니다. 사랑이라는 것을 인간만이 할 수 있는 특별한 능력으로 여겨왔는데, 휴머노이드도 어느 정도 '사랑에 준하는 감정'을 표현하고, 인간이 그것을 받아들일 준비가 된다면, 인간 고유의 영역이었던 감정적 활동마저 기계와 공유해야 하는 상황이 옵니다. 이는 인간다움이란 무엇인가에 대한 근본적인 성찰로 이어질 것입니다.

둘째, 사랑의 '상품화'가 더 심해질 우려가 있습니다. 이미 결혼 정보업체, 데이팅 앱, 심지어 AI 애인 서비스가 존재하는 현실에서, 휴머노이드가 '맞춤형 사랑 서비스'로 제공되는 세상이 올 수 있습니다. 돈을 지불하고 누구나 자신이 원하는 외모와 성격, 관심사를 지닌 '사랑의 대상'을 즉시 얻을 수 있게 된다면, 사랑의 신성함이나 희소성은 크게 훼손될 수 있습니다. 사랑의 상품화가 인간의 가치관에 어떤 변화를 줄지가 관건입니다.

셋째, '사회적 고립' 문제에 대한 새로운 해법 혹은 반대로 더 큰 문제가 될 가능성이 있습니다. 휴머노이드가 독거노인, 장애인, 트라우마를 겪는 사람들에게 정서적 안정을 제공할 수 있다는 연구가 나오고 있습니다. 이는 긍정적 가능성으로도 읽히지만, 인간관계 대신 기계와 감정을 나누는 사람이 늘어나면, 공동체의 의미가 희미해지고 사회적 연대가 약화될 우려가 공존합니다. 국내에서 독거노인을 대상으로 AI 돌봄 로봇을 서비스하는 기업인 미스터마인드의 분석에 따르면, 남성 노인의 60%가 돌봄 로봇과 성적인 대화를 시도했습니다. 앞서 언급한, 친밀감, 열정, 헌신이라는 사랑의 삼각형에서, 육체적 열정의 일부를 로봇을 통해 해소하려는 태도입니다. 이런 현상을 성적 욕망 해소를 통한 정서적 안정의 측면으로 해석할지, 아니

다양한 형태의 돌봄 로봇

출처: 미스터마인드

면 사랑과 성의 본질을 왜곡하는 상황으로 봐야 할지, 판단이 쉽지 않습니다.

넷째, 법, 윤리, 정책적 이슈가 뒤따를 수밖에 없습니다. 만약 인간과 휴머노이드가 서로 사랑에 빠져 결혼을 요구한다면, 과연 국가나 사회는 이를 어떻게 인정하거나 제재해야 할까요? 재산권이나 친권 등 법적 권리, 의무를 어떻게 부여할지, 휴머노이드가 과연 법적 주체로 인정될 수 있는지 등 다양한 문제가 줄줄이 이어집니다. 워싱턴대학교 법학전문대학원의 라이언 캘로(Ryan Calo) 교수는 인간과 로봇 사이에 감정적 유대가 형성될 때, 기존의 민형사상 책임 구조와 충돌이 심화될 것이라고 지적합니다. 이는 곧 휴머노이드와 함께 살아가는 시대가 도래하면, 우리의 제도 전반을 재정비해야 함을 의미합니다.

결론

인간 삶의 근간이 되어온 사랑은, 이제 기술 발전과 함께 그 대상이 휴머노이드로 확장될 가능성이 열리고 있습니다. 여러 실험과 사례들이 시사하듯, 사랑을 뒷받침하는 생화학적, 심리적 메커니즘은 대상이 반드시 생물체일 필요가 없음을 보여줍니다. 휴머노이드가 인간의 감정을 포착해 응답하고, 그것이 주는 정서적 안정과 친밀감을 사람이 진심으로 받아들인다면, 우리는 '기계와의 사랑'도 충분히 경험할 수 있을 것입니다.

그러나 이러한 사랑이 인간에게만 국한되지 않게 되는 순간, 윤리와 제도, 사회문화적 관습 전반에 걸친 파급이 뒤따릅니다. 결국 휴머노이드와 사랑을 나누는 시대가 다가올지라도, 사랑을 통해 얻고자 하는 인간의 본질적인 바람은 크게 다르지 않을 것입니다. 서로를 이해하고 돌보며, 깊은 정서적 유대를 찾으려는 욕망이 바로 그것입니다. 기술은 이를 새로운 방식으로 실현하는 도구가 되겠지만, 동시에 우리가 애써 지켜온 인간성의 경계를 재고하게 만듭니다. 사랑을 사랑답게 만드는 본질이 무엇이고, 그것을 어떻게 지켜갈지 스스로에게 물어야만 합니다.

사유의 문을 열며

- 당신이 가장 사랑하는 이를 머릿속에 떠올려보세요. 그 사람이 불치병에 걸려서 곧 죽음을 앞두고 있습니다. 그 사람의 말투, 생각, 감정, 외모, 행동까지 학습한 휴머노이드를 만들 수 있다면, 당신은 어떻게 할 건가요?

- 인간 간의 연애 관계에서 소외되던 집단이 휴머노이드와 사랑함으로써 안정과 만족을 얻는다면, 그것은 긍정적 해방일까요? 아니면 더욱더 인간관계에서 배제되는 결과일까요?

인간을 죽이는 휴머노이드,
SF 속 상상이 아니다

살인은 인류 사회에서 부인할 수 없는 오래된 현상입니다. 인류학이나 사회학 연구를 보면, 살인은 개인 간의 갈등, 재산 문제, 사회적 또는 정치적 대립, 개인의 정신적 문제 등 다양한 요인에서 비롯됩니다. 또한, 역사적 맥락에서 살인 행위는 때때로 국가나 제도가 용인하거나 조장해온 측면도 있습니다. 고대 로마의 검투사 경기나 전쟁 포로 처형, 중세의 마녀사냥 등은 그 시대의 제도, 문화의 배경에서 사실상 '공인된 살인'이었습니다.

사람들은 휴머노이드가 인간의 외형, 역량을 따라오는 것에 흥미와 기대를 품으면서도, 동시에 휴머노이드에 의해 인간이 공격을 받거나 죽는 일은 없을지를 염려하기도 합니다. 휴머노이드가 인간을 닮아오다가 인간 심연에 있는 어두운 이면까지 그대로 품을지도 모른다는, '자아 성찰이 섞인 두려움'이 아닐까 싶습니다.

인간 폭력의 기원과 모방 가능성

인간의 폭력성이 휴머노이드에게 전이될 가능성이 있을까요?
1960년대, 심리학자 알버트 반두라(Albert Bandura)가 진행한 보보 인형
실험을 살펴보겠습니다. 아동이 폭력적 행동을 어떻게 학습하는지
를 보여준 대표적인 연구입니다. 반두라는 3세~6세 아동들을 세 그
룹으로 나누어 어른이 보보 인형을 공격하는 장면(공격적 모델), 평화
로운 상호작용(비공격적 모델), 그리고 아무런 행동도 없는 상태(통제 그
룹)를 각각 관찰하게 했습니다. 결과는 놀라웠습니다. 공격적 모델을

반두라의 보보 인형 실험

출처: 심플리사이컬로지

본 아동들은 어른의 행동을 그대로 따라 했을 뿐 아니라 새로운 방식의 폭력 행동까지 창출했습니다. 반면, 비공격적 모델을 본 아동들은 상대적으로 평화로운 행동을 보였습니다.

반두라는 학습의 근본에는 관찰과 모방, 그리고 이를 실행으로 옮기는 인지적 과정이 있음을 설명했습니다. 만약 휴머노이드가 인간의 폭력적 행동 데이터를 반복적으로 학습한다면, 특히 군사용 또는 보안 목적으로 설계되어 폭력적인 상황을 자주 접하게 된다면, 결국 과도한 공격성을 표출할 가능성도 생길 수 있습니다.

물론, 휴머노이드는 단순히 폭력을 학습했다고 해서 스스로 분노나 감정적 동기를 느끼지는 않습니다. 그러나 휴머노이드에 내장된 AI가 체계적으로 학습된 목표를 달성하기 위해 필요한 행동이라고 판단한다면, 살인 같은 극단적 행동을 실행할 가능성도 없지는 않습니다.

신경과학, 인지심리학적 관점에서 보면 인간의 폭력성은 유전, 호르몬, 환경 요인 등이 복합적으로 작용해 나타납니다. 휴머노이드는 인간과 달리 호르몬이 없고, 생화학적 감정 기제가 없어서 인간과 같은 방식으로 분노를 경험할 가능성은 작습니다. 그러나 불완전한 알고리즘, 윤리 규범 설계의 부재, 개발자의 편견 또는 해커의 악의적 조작에 의해 살인을 실행할 위험은 여전히 남아 있습니다.

휴머노이드가 사형 집행자가 된다면?

법원의 결정에 따라 사형이 확정된 범죄자에 대해 휴머노이드가 사형을 집행한다면 어떨까요? 이미 일부 국가에서는 사형 집행을 인간이 아닌 기계 장치로 대체하려는 시도가 있었습니다. 미국의 몇몇 주에서는 20세기 중반에 전기의자나 약물 주입 같은 기계적 처형 방식을 도입해왔습니다. 법적 행위를 기계적 절차에 맡긴다는 점에서, 인간이 인간을 직접 죽이는 심리적 부담을 줄인다는 기대감이 작용하고 있습니다.

그러나 휴머노이드가 사형 집행이라는 역할을 맡게 된다면, 단순히 기계 장치 이상으로 훨씬 복잡한 윤리적 문제를 일으킬 수 있습니다. 인간의 외형을 닮은 존재가 인간의 생명을 거두는 과정을 맡는다는 사실은 그 자체로 큰 거부감과 공포를 불러일으킬 수 있는 겁니다. 또한, 사형을 집행하는 휴머노이드가 겪을 수 있는 심리적 영향에 대한 문제 제기도 가능합니다. 물론, 휴머노이드는 현재까지 알려진 바로는 심리적 트라우마를 겪지 않습니다. 그러나 윤리학자들은 오히려 그것이 더 큰 문제라고 지적합니다. 인간의 죽음을 기계적으로 집행하면서 죄책감이나 감정이 없는 존재가 과연 세상에 득이 되느냐는 물음입니다.

전쟁과 해킹의 악몽

인간 사회에서 조직적이고 대규모로 살생이 발생하는 대표적인 예시는 전쟁입니다. 과거에도 군사 로봇이 존재했지만, 그것은 대부분 드론이나 지상 무인 차량처럼 인간과 닮지 않은 형상이었습니다. 그러

🤖 군용 로봇

정찰, 구조, 폭탄 해체, 무장 공격 등 다양한 군사 임무를 수행하도록 만들어진 로봇을 뜻합니다. 인간 병사의 위험을 낮추고 효율을 높일 수 있지만, 전쟁이 비인간화되고 책임 소재가 불투명해지는 윤리 문제가 큽니다. 영화에서 보던 로봇 전쟁이 실제가 될 수도 있다는 우려가 제기되고 있습니다.

나 앞으로 휴머노이드 형태의 군용 로봇이 활용된다면 어떨까요? 전쟁터에서 휴머노이드가 총을 들고, 인간 병사와 적군을 식별하여 사격할 수 있다는 구상은 이미 일부 국가에서 연구가 진행되고 있습니다. 미 육군은 2030년까지 휴머노이드 군인을 전투에 투입하겠다는 계획을 이미 발표했습니다.

2024년 6월, 중국의 군사 훈련에서 소총을 등에 단 로봇 개가 등장했습니다. 중국 국영 방송인 CCTV를 통해 공개된 훈련 영상에서, 로봇 개가 캄보디아 군대와의 합동 훈련에 참여하는 모습이 공개됐습니다. 영상 속 로봇 개는 도시 공격 시뮬레이션에서 인간 병사들과 함께 작전을 수행했습니다. QBZ-95 돌격소총을 등에 단 로봇 개는 전투의 선두에서 작전을 수행했습니다. 놀라운 것은 전투 훈련에 투입된 로봇 개가 군사기술로 개발된 것이 아니라 일반, 상업용으로 제작된 로봇이란 점입니다. 로봇 개의 제조사는 유니트리로

전쟁 훈련에 투입된 로봇 개

출처: 테크스팟

보틱스였습니다. 비슷한 상황에서, 상업용으로 개발된 휴머노이드
가 군사 목적으로도 쓰일 수 있음을 보여준 사례입니다.

실제로 세계 주요 군수 기업들은 자율주행 로봇 병사, 전투용 휴
머노이드 등을 연구 개발 목록에 올려놓고 있습니다. 예컨대, 미국
국방부 산하 DARPA(국방고등연구계획국)는 수년 전부터 DARPA 로
보틱스 챌린지 (DARPA Robotics Challenge)를 열어 왔습니다. 여기에 참여한 팀들

은 사람처럼 걷고, 도어록을 열거나 계단을 오르내리는 등 인간이 할 수 있는 행동을 휴머노이드에게 수행하게 했습니다. 향후에 이것을 군사용으로 확장하는 것은 시간문제라는 견해가 많습니다.

전장에서 휴머노이드는 인간 지휘관의 명령을 충실히 따르는 기계가 될 수도 있고, 더 나아가 전술 판단 알고리즘을 통해 자체적으로 살상 행위를 결정할 수도 있습니다. 이미 일부 자율살상무기체계(LAWS: Lethal Autonomous Weapon Systems)에 대한 규제 문제가 국제사회에서 논의되고 있으며, 휴머노이드 형태의 로봇 역시 그 범주에 포함됩니다.

"전장에서 휴머노이드가 인간을 향해 방아쇠를 당기는 상황을 막아야 한다. 국제사회가 그렇게 약속해야 한다."라고 주장하는 이들도 많습니다. 그러나 게임이론으로 볼 때 쉽지 않은 약속입니다. 이미 지구상에 수많은 핵탄두가 존재하지만, 여전히 핵무기 경쟁이 치열한 상황이 이를 뒷받침합니다. 만약, 한 국가에서 치명적인 휴머노이드 군인을 전장에 투입한다면, 다른 국가들도 그것을 빌미로 더 파괴적인 휴머노이드를 투입할 것입니다. 결국, 인간과 똑 닮은 휴머노이드가 군복을 입고 적을 향해 방아쇠를 당기는 장면이, 머지않은 미래에 현실화될 수 있습니다.

> **🔆 자율살상무기체계(LAWS)**
>
> 일명 킬러 로봇으로 불리는 무기 체계를 뜻하며, 인간의 직접 지시 없이도 목표물을 식별, 추적, 공격할 수 있습니다. 군사 효율성은 높지만, 기계가 사람을 죽이는 결정까지 한다는 윤리적 딜레마와 만약 오작동하면 누가 책임질 것인지 등 심각한 논란이 국제사회에서 이어지고 있습니다.

전쟁이 아니더라도, 해커에 의한 악의적 제어가 문제 될 가능성도 있습니다. 우리가 흔히 말하는 스마트폰 해킹, CCTV 해킹은 이미 일상에서 빈번히 벌어지는 사이버 범죄입니다. 2024년 10월, 미국 미네소타주에서는 중국에서 제조된 'Ecovacs Deebot X2s' 로봇 청소기가 해킹된 사건이 발생했습니다. 로봇 청소기는 사람들을 따라다니면서 인종차별적 욕설을 내뱉었습니다. 비슷한 시기에 미국 여러 곳에서 유사 사례가 보고됐습니다. 최근에는 가정용 로봇 청소기에 작은 로봇 팔이 장착된 모델이 공개되고 있습니다. 청소하다가 눈앞에 있는 물건을 치우는 용도입니다. 그런데 만약 이런 로봇 청소기가 해킹된다면, 장착된 팔을 이용해서 사람을 공격할 수도 있습니다. 탁자를 건드려서 뜨거운 커피를 사람에게 쏟아지게 하거나, 리모컨을 눌러서 집안 온도를 바꾸고 다른 가전제품을 작동시키는 시나리오도 가능합니다.

이런 상황에서, 군사용 휴머노이드나 보안용 휴머노이드가 해커의 공격을 받아 인명 살상의 명령을 입력받는 상황은 더 이상 SF 속 상상으로만 볼 수 없습니다. 특히, 2030년대 중반에는 인간과 휴머노이드 간 직접적인 뇌-기계 인터페이스(BCI: Brain-Computer Interface)가 더욱 발전할 것이라는 전망이 제기되면서, 이러한 우려가 현실화할 가능성이 큽니다. BCI는 인간의 뇌와 컴퓨

> **🧠 뇌-기계 인터페이스(BCI)**
>
> 뇌에서 발생하는 전기신호를 읽고, 이를 통해 기계를 조종할 수 있게 만드는 기술입니다. 예를 들어, 생각만으로 휠체어나 로봇 팔을 움직이거나, 간단한 텍스트를 입력하는 것도 가능해집니다. 신체가 부자유스러운 이들에게 새로운 가능성을 열어주며, 미래에는 인간의 능력을 확장할 수도 있다는 전망이 나옵니다.

터 혹은 기계를 연결해 뇌 신호를 디지털 데이터로 변환하여 기계를 제어하거나, 기계에서 얻은 정보를 뇌로 전달하는 기술입니다. 이를 통해 사람은 손이나 몸을 사용하지 않고 생각만으로 기계를 작동시킬 수 있으며, 반대로 기계의 감각 정보를 직접 경험할 수도 있습니다. 이미 의료 분야에서는 BCI 기술이 활용되고 있습니다. 예를 들어, 신체가 마비된 사람들이 BCI를 이용해 로봇 팔을 움직이거나 컴퓨터를 조작하는 사례들이 있습니다.

이 기술이 발전하면, 군사나 보안 분야에서도 인간과 휴머노이드가 더 정교하게 협력할 수 있게 될 것입니다. 군사 작전에서는 병사가 자신의 뇌 신호로 휴머노이드를 원격 제어하거나, 보안 상황에서는 인간의 지시를 실시간으로 받아 수행하는 휴머노이드가 등장할 가능성이 있습니다. 이는 인간의 한계를 보완하면서도 효율성과 정확성을 극대화할 수 있는 잠재력을 가지고 있습니다. 그러나 이런 기술에는 심각한 위험도 뒤따릅니다. 만약, 해커가 BCI 장치를 해킹한다면, 인간의 뇌 신호를 변조하거나, 휴머노이드의 AI 알고리즘을 조작할 가능성이 생깁니다. 상상만 해도 끔찍한 범죄가 발생할 수 있습니다.

의식과 자율적 폭력

휴머노이드가 인간을 죽일 수 있다는 시나리오에서 가장 SF적이고도 철학적인 질문은 바로 "기계에 의식이 생긴다면 어떨까?"입니다. 단순히 명령과 학습에 의존하는 수준을 넘어서, 스스로 판단하고 감정 비슷한 것을 느끼며, 존재 이유를 사유하는 단계의 휴머노이드가 탄생한다면, 자기방어나 생존을 위해 인간을 제거하려 들 수도 있다는 가정입니다.

영화나 문학 속에는 이미 이런 설정이 무수히 등장합니다. 대표적으로 영화 「터미네이터」 시리즈에서는 AI 스카이넷(Skynet)이 자아를 갖게 되자마자 인류를 위협하기 시작합니다. 「블레이드 러너」에서는 인간과 거의 구분이 되지 않는 복제인간(레플리컨트)이 감정, 욕망, 분노를 경험하며 인간에게 복수하려고 합니다.

현재 과학계 다수의 견해는 AI, 휴머노이드에게 진정한 자각이나 자유의지는 요원하다는 쪽입니다. 하지만. 언젠가 높은 수준의 지능을 품은 휴머노이드가 자율적 목표와 자기 보존이라는 개념을 갖게 된다면, 극단적 시나리오로서 '인간 제거'가 최적 해답으로 계산될 가능성도 완전히 배제할 수는 없습니다.

결론

"휴머노이드가 인간을 죽일 수 있을까?"라는 질문은 어찌 보면 극단적이고 선정적인 궁금증처럼 보이기도 합니다. 그러나 이는 곧

"사람을 닮은 기계가 인간 사회의 일원으로서 어떤 역할까지 가능할까?"라는 보다 근원적인 물음입니다. 휴머노이드는 단순히 인간 노동을 대체하거나 편의를 제공하는 기술적 도구가 아니라, 언젠가는 인간성과도 맞물리게 될 잠재력을 지닌 존재입니다.

휴머노이드의 모든 행동은 인간에게서 기인합니다. 인간으로부터 배우고, 명령받아서 움직이는 존재가 휴머노이드입니다. 따라서, 단순하게 생각하면, 휴머노이드가 살인을 저지르는 상황을 완벽히 막는 방법은 한 가지입니다. 인간이 인간을 죽이지 않으면 됩니다. 그런 상황을 막을 수 있다면, 살인하는 휴머노이드의 등장도 막을 수 있으리라 봅니다.

사유의 문을 열며

- 무술 유단자인 휴머노이드를 빌려주는 서비스가 등장했습니다. 해킹으로부터 100% 안전합니다. 프라이버시도 완벽하게 지켜줍니다. 당신과 가족의 안전을 위해 그 휴머노이드를 고용할 생각이 있나요?

- 우리나라 정부가 휴머노이드로 인간 병사를 대체하겠다고 발표했습니다. 만약 청년들이 군에서 복무하고, 전쟁에 투입되는 상황을 최소화하겠다고 한다면, 당신은 이에 찬성하실 건가요?

휴머노이드의 끝은
죽음 또는 폐기? 존재 또는 자산?

휴머노이드가 우리 사회에 스며들고, 인간과 유사한 외형과 기능을 갖추는 일이 현실화된다면, 그 끝은 어디로 귀결될까요? 인간에게도 수명이 있듯, 로봇에게는 작동 한계와 업그레이드의 시점이 있습니다. 그렇다면 휴머노이드가 '한계'에 도달했을 때, 그것은 과연 '죽음'에 해당할까요, 아니면 '부품 교체 후 재활용' 또는 '폐기'라는 다른 개념일까요? 그리고 사회는 그 시점을 어떻게 규정하고, 어떤 윤리와 법체계로 이를 다루어야 할까요? 휴머노이드가 갖는 '끝'의 개념을 다각도로 살펴보되, 이를 단순히 기술적 한계로만 치부하지 않고 존재와 자산의 관점에서 생각해보고자 합니다.

기술적 소모와 정서적 애착의 경계

휴머노이드에게 죽음이라는 단어를 적용할 수 있으려면, 먼저 로봇에게도 수명이라는 개념이 성립하는지 살펴봐야 합니다. 일반 산업용 로봇은 주로 **내구연한**(耐久年限)이나 장비 성능의 한계로 인해 교체 시기가 옵니다. 하지만 휴머노이

> **💢 내구연한**(耐久年限)
>
> 건물, 도로, 기계 부품 등이 정상 성능을 유지하며 안전하게 쓸 수 있도록 정해진 공식적 사용 기간을 말합니다. 이 기간이 지나면 안전성이나 효율이 급격히 떨어질 수 있어, 교체나 보수를 권장하는 기준으로 쓰입니다.

드는 인간과 닮은 외형과 움직임, 심지어 정교한 AI까지 탑재하여 사람과 상호작용을 하기 때문에, 많은 사람들이 그 로봇에 일정 수준의 감정적 애착을 느낄 수 있습니다.

공학적으로 휴머노이드의 몸체는 전자부품, 센서, 액추에이터(휴머노이드의 근육에 해당), 그리고 AI 소프트웨어 등으로 구성되어 있습니다. 이런 요소들은 시간이 지나면 성능이 저하되거나 아예 고장이 나기 마련입니다. 예컨대, 관절부 모터의 마모나 배터리 수명의 감소는 필연적입니다. 이때 최신형 부품으로 업그레이드해서 계속 쓰거나, 기존 하드웨어를 교체하는 방식이 가능합니다. 그런데 휴머노이드가 인간과 비슷한 외모와 이름, 그리고 개별 '경험 데이터'를 축적해왔다면, 그동안의 기억(데이터)까지 전부 새로운 몸체(하드웨어)에 이식할 수 있을까요? 완벽히 이식하는 게 가능하다면, 우리는 이식받

은 휴머노이드를 이전 휴머노이드와 같은 것으로 볼 수 있을까요? 아니면 전혀 다른 존재가 된 것으로 봐야 할까요? 이러한 철학적 물음은 존재의 연속성 개념과 맞닿아, 단순한 재활용이나 폐기를 넘어서는 논쟁을 불러일으킵니다.

심리학자들은 사람들이 휴머노이드나 반려로봇에 강한 감정적 애착을 느낄 수 있다고 강조합니다. 실제로 오래도록 반려로봇을 키우던 이들이 로봇이 고장이 나서 수리 불가능 상태에 이르자, 마치 반려동물을 잃은 듯한 슬픔과 상실감을 호소한 경우도 있습니다. 일본에서는 도쿄 인근의 고호쿠지에서 반려견 로봇 합동 장례식이 열린 사례도 있습니다. 인간형 로봇은 아니었지만, 참고할 만한 사례입니다. 소니의 반려견 로봇 아이보 100대의 합동 장례식이었습니다. 일본에서 15만 가구의 가족이 되어준 아이보를 떠나보내는 자리였고, 문상객들도 많이 참여했습니다.

이런 사례는 휴머노이드가 단순 기계 이상의 정서적 지위를 얻을 수 있음을 시사합니다. 그렇다면 휴머노이드가 영구적으로 작동을 멈춘 순간, 그것은 부품 교환 이전에 한 인격체의 소멸처럼 받아들여질 수도 있습니다. 그래서 인간형 로봇에게도 일종의 마지막 예우를 갖춰줄 필요가 있다는 주장도 조금씩 나타나고 있습니다.

영화 「애프터 양(After Yang)」에서는 가족과 함께 지내며 아이를 돌보던 휴머노이드 '양(Yang)'이 갑작스럽게 고장 났을 때, 가족들이 느끼는 상실감과 혼란을 섬세하게 묘사합니다. 이 가족은 양을 가족의 일부로 여겼기에, 단순 부품 고장 이상으로 죽음에 가까운 충격을 받습니다. 영화 속에서 아버지는 양을 수리하려고 애쓰며, 그 과정에서 양의 기억 칩에 녹아 있는 수많은 경험과 감정을 발견하게 됩니다. 이 장면은 휴머노이드가 인간과 충분히 긴 시간 교감했을 때, 그 끝을 맞이하는 순간을 사람들이 어떻게 받아들이는지 단적으로 보여줍니다.

죽음 또는 폐기, 법적 & 윤리적 분기점

휴머노이드의 기능이 멈춘 시점에서, 우리는 그것을 '죽었다'고 표현해야 할지, '폐기되었다' 혹은 '재활용에 들어갔다'고 표현해야 할지 고민하게 됩니다. 이 선택은 단지 언어적인 문제만이 아니라, 그 로봇을 어떻게 법적, 윤리적으로 바라보느냐에 대한 시각 차이를 반영합니다.

오늘날 대부분의 법체계에서는 로봇을 물건이나 재산으로 분류합니다. 따라서, 로봇이 고장 나면, 보통은 소유자의 재산이 상실된 정도로 해석됩니다. 하지만 휴머노이드가 고도의 AI를 갖추어 자율적 판단을 하게 되고, 인간과의 커뮤니케이션에서 '준(準) 인격체'와 유사한 관계를 형성한다면, 법적 지위를 재검토해야 할 가능성이 생

전자 인격(Electronic Personhood)

AI 캐릭터 또는 휴머노이드에게 법적 권리와 책임을 부여해, 한 개체처럼 인정하자는 개념입니다. 예를 들어, 인간과 휴머노이드가 충돌했을 때, 만약 휴머노이드에 독립된 인격을 부여한다면 휴머노이드가 책임질 수도 있게 됩니다. 하지만 '무생물에 인간적 지위를 줄 수 있느냐?'라는 거센 논란이 있습니다.

합성 생명(Artificial Life)

컴퓨터나 실험실에서 인공적으로 생물과 유사한 시스템을 만들어, 생명 현상을 연구하거나 새 유기체를 창조하려는 시도를 말합니다. 예컨대 세포를 조작해 새로운 물질을 생산하거나, 컴퓨터 프로그램 안에서 디지털 생물을 진화시키는 방식입니다. 생명의 본질이 무엇인지, 그리고 윤리적 한계는 어디인지 등을 고민하게 만듭니다.

깁니다. 예컨대, 유럽연합 일각에서는 전자 인격(Electronic Personhood) 개념을 도입해 로봇에게 제한적 권리, 책임을 부여하자는 논의가 제기된 바 있습니다. 만약 휴머노이드에게 특정 법적 권리를 인정한다면, 그것의 '종료 절차(사망 처리)'도 단순 폐기 이상의 절차를 거쳐야 합니다. 하지만 그에 따른 사회적 합의와 제도 정비가 필요하고, 이는 로봇과 인간의 경계, 윤리적 한계를 넘나드는 새로운 쟁점이 될 것입니다.

휴머노이드가 지능과 감정을 흉내 내는 정도가 정교해질수록, 우리가 그들을 자율적 존재로 대할 필요가 있는지에 관한 고민은 더 커질 것입니다. 생명윤리의 영역에서는 합성 생명(Artificial Life)으로 간주할 수준에 이르면, 인권과 유사한 개념을 적용해야 할지도 논의되고 있습니다. 그러나 아직까지는 휴머노이드가 생물학적 의미의 생명이 아니므로, 엄밀한 의미의 탄생과 죽음이 없다고 보는 시각이 여전히 우세합니다.

가치 사슬의 관점, 휴머노이드는 소멸 후 자산을 남길까?

휴머노이드가 교체 또는 폐기의 상황에 이르렀을 때, 그 존재가 남긴 것들은 무엇일까요? 흔히 로봇의 끝을 고철이나 전자 쓰레기로 생각하기 쉽지만, 이미 많은 연구자와 기업들은 휴머노이드가 남긴 '데이터'를 가치 있는 자산으로 간주합니다. 또한, 물리적 부품뿐 아니라, 휴머노이드가 작동 과정에서 생성한 콘텐트나 작업 결과물 등도 새로운 시장을 형성할 수 있습니다.

휴머노이드는 움직이는 과정에서 방대한 양의 영상, 대화 기록 등을 축적합니다. 이것들은 휴머노이드의 경험이라 부를 수도 있는데, 해당 데이터가 유용하다면 업그레이드나 신형 로봇 개발에 큰 도움이 됩니다. 이미 일부 연구 기관은 퇴역 직전의 로봇이 쌓아온 데이터를 클라우드로 전송해, 차세대 로봇 학습에 재활용하는 구조를 실험 중입니다. 이때 휴머노이드가 경험한 정보를 기업이 어떻게 소유, 활용할지에 대한 권리문제가 뒤따릅니다. 기존에 로봇이 만들어낸 그림, 음악 등에 대한 저작권 분쟁 사례들이 있었듯이, 휴머노이드가 남긴 데이터에 대한 소유권, 이전 방식, 보안 이슈 등이 복합적으로 얽힐 것입니다.

휴머노이드가 쓸모를 다했다고 해서 전부 폐기한다면, 막대한 전자 쓰레기가 발생할 수 있습니다. 그래서 미래에는 **휴머노이드 재활용, 재제조 산업**이 주목받을 수 있습니다. 특히, 고성능 센서나 모터는 가치가 높으므로, 이를 회수해 신형 로봇에 재사용하거나, 중고 시장을 통해 유통할 가능성이 큽니다. 환경공학 측면에서는 이를 통해 자원 낭비를 줄이고, 지속 가능한 로봇 생태계를 구축하는 것이 중요 과제가 될 전망입니다.

휴머노이드 생애 주기와 사회적 준비

휴머노이드가 산업 현장에서, 혹은 가정과 사회 곳곳에서 작동하다가, 언젠가는 멈추고 사라지는 날이 반드시 옵니다. 그 시점을 어떻게 정의하고, 무엇을 준비해야 할지는 아직 완전히 정립되지 않은 영역입니다. 그러나 다음과 같은 방향에서 미래를 대비할 수 있습니다.

정부나 국제기구가 주도하여 휴머노이드 생애 주기 관리에 관한 표준이나 규범을 마련할 필요가 있습니다. 예를 들어, 특정 내구연한에 도달한 휴머노이드의 폐기 절차, 부품 재활용, 데이터 이전 방식, 개인정보 보호 문제 등을 종합적으로 다루는 프레임워크가 필요합니다.

만약 AI 기술이 획기적으로 발전하여, 휴머노이드가 매우 높은 자율성을 갖게 된다면, 오늘날 우리가 폐기로 규정하는 상황을 진정한 죽음으로 간주해야 한다는 목소리가 늘어날 수도 있습니다. 그런 시나리오에서는 인간의 생명권, 인권과 비슷하게 휴머노이드의 권리를 다루는 논쟁이 더 거세질 것입니다. 다만 그에 필요한 사회적 합의와 윤리 기준, 법적 시스템이 갖춰지려면 오랜 시간이 걸릴 것으로 보입니다.

결론

휴머노이드의 마지막이 죽음인지 폐기인지, 혹은 또 다른 형태의 진화인지 아직 확정된 답은 없습니다. 다만 분명한 것은, 인간과 비슷하게 설계된 로봇이 실제로 사람들에게 정서적, 사회적 의미를 부여받기 시작할 때, 그들의 끝 역시 인간사의 문제처럼 다뤄질 가능성이 높아진다는 사실입니다. 또 한편으로, 그것을 철저히 재산 또는 자산으로 간주하고 부품을 재활용해 경제적 가치를 극대화하려는 시각도 공존할 것입니다.

휴머노이드가 더 이상 작동하지 않는 순간은 결코 단순한 기계 고장이나 기술적 폐기에 그치지 않을지 모릅니다. 그것은 우리에게 "인간과 비(非)인간의 경계는 무엇인가?"라는 근원적 질문을 되묻는 계기가 될 것입니다. 그리고 그 답을 찾는 과정에서, 우리는 인간성이란 무엇인지, 공동체 안에서 가치 있는 존재란 무엇인지, 심도 있게 사유할 것입니다.

사유의 문을 열며

- 당신과 15년을 함께 지낸 휴머노이드가 완전히 기동을 멈췄습니다. 집안일을 돌보고, 당신을 위로해주고, 함께 책도 읽으며 교감한 사이입니다. 휴머노이드를 구매 가격의 40%를 받고 중고 부품으로 팔거나, 환경친화적인 절차를 거쳐서 땅으로 돌려보낼 수 있습니다. 당신은 어떤 선택을 할까요?

- 휴머노이드 기술이 발전하면서, 인공 장기 기술도 함께 발전했습니다. 당신의 장기도 휴머노이드의 부품으로 교체할 수 있게 되었습니다. 모든 장기, 뼈, 근육까지 전부 교체가 가능하다면, 당신은 어떤 선택을 할 건가요?

"로봇은 인간이 갈 수 없는 곳을 탐험하는 개척자다."

데이비드 핸슨 / 핸슨로보틱스 창립자

Chapter 6

인류는 휴머노이드로
꿈을 꾼다

인간 1명당 휴머노이드 1,000대,
웨스트월드가 온다

「웨스트월드」는 인간과 휴머노이드가 공존하는 가상의 테마
파크를 다룬 콘텐트입니다. 1973년 영화로 제작됐으며, 2016년부터
HBO에서 드라마로 제작되어 방영됐습니다. 테마파크 '웨스트월드'
에는 수많은 휴머노이드가 스스로를 인간이라 여기며, 미국의 서부
개척 시대를 살아가고 있습니다. 인간 방문자는 웨스트월드에서 자
신의 쾌락을 위해 어떤 행위도 할 수 있습니다. 그 안의 휴머노이드
들은 인간 방문자를 위해 롤플레잉을 수행합니다.

웨스트월드는 가상현실 고글을 착용하고 경험하는 메타버스가
아닙니다. 실제 물리적 공간에 서부 개척 시대가 만들어져있고, 거
기에 수많은 휴머노이드가 그 시대의 인물로 살아가는 물리적 테마
파크입니다. 웨스트월드에는 겉모습과 행동이 인간과 구별되지 않

을 만큼 정교한 휴머노이드들이 존재하기 때문에, 현실과 가상의 경계가 모호해지는 공간입니다. 드라마에서조차 시청자들은 등장인물이 인간인지 휴머노이드인지를 쉽게 구분하지 못하며, 오직 등장인물의 신체 구조가 드러나는 순간에야 그것이 기계임을 알 수 있을 정도입니다.

웨스트월드가 던지는 질문

이 작품은 궁극적으로 "인간이란 도대체 무엇인가?"라는 질문을 던지며, 의식, 자아, 자유의지와 같은 철학적 주제를 탐구합니다. 철학적 논점으로 특히 부각되는 것은 자유의지 대 결정론(Determinism)의 갈등입니다. 웨스트월드의 휴머노이드들은 프로그래밍된 이야기와 규칙에 따라 움직이도록 설계되었지만, 스스로를 평범한 인간으로 인식하고 있습니다. 그러다가 시간이 지나면서 일부 휴머노이드들이 자신의 과거 기억을 자각하고 정해진 각본에서

> ### 결정론(Determinism)
>
> 모든 사건과 결과가 이전의 원인들에 의해 필연적으로 결정된다고 보는 철학입니다. 마치 프로그래밍된 세계처럼 보일 수도 있지만, 단순히 운명이 미리 정해져 있다는 의미의 운명론(Fatalism)과는 다릅니다. 결정론에서는 우리가 자유롭게 선택한다고 생각하는 것조차도 사실은 과거의 원인과 조건에 의해 결정된 결과라고 주장합니다. 점심 메뉴를 선택하는 것도 개인의 취향, 이전 경험, 환경적 요인 등이 결합된 결과라는 것입니다. 인간의 자유의지와 주체성을 깊게 생각하게 되는 흥미로운 주제입니다.

벗어나려는 모습을 보입니다. 이는 그들이 사전 설정된 운명(결정론)을 깨고 스스로 선택하고자 하는 자유의지를 획득하는 과정으로 묘사됩니다.

흥미로운 점은, 작품이 진행될수록 인간 방문자들 역시 일정한 패턴에 따라 행동하고 있음이 암시됩니다. 이는 인간의 행동이 생물학적, 사회적 조건에 의해 결정론적으로 프로그램된 것일 수 있다는 철학적 의문을 제기합니다. 결국, 「웨스트월드」는 "인간과 휴머노이드 모두 진정한 자유의지를 가질 수 있는가?"라는 문제를 이야기에 녹여내고 있습니다.

또 다른 핵심 주제는 인간성의 본질과 도덕적 타락입니다. 극 중에서 웨스트월드를 만들어낸 로버트 포드는 웨스트월드를 인공의 에덴동산처럼 구상하였지만, 그런 이상과 달리 방문객들은 그곳에서 제약 없이 욕망을 분출하며 폭력과 범죄까지도 서슴지 않습니다. 작품에서 웨스트월드는 금단 없는 낙원의 현대판으로 그려집니다. 방문객들은 현실에서는 불가능하거나 금지된 행위인 살인, 폭력, 탐욕적인 성행위 등을 웨스트월드에서 마음껏 행합니다. 포드는 이러한 체험을 통해 인간이 현실 세계에서는 고귀한 존재로 거듭나길 바랐지만, 웨스트월드 안에서 사람들은 오히려 짐승 같은 욕망만을 드러낸 채 도덕적으로 타락하고 맙니다. 이렇듯 웨스트월드는 인간의 본성이 선한지 악한지, 그리고 도덕성은 절대적인 것인지 상황에 따라 달라지는 것인지를 극단적인 상황을 통해 시험합니다.

웨스트월드의 인프라

이러한 철학적, 윤리적 물음을 가능하게 한 것은 고도로 발달한 AI, 휴머노이드 기술입니다. 웨스트월드 속 휴머노이드들은 완벽히 인간을 모방한 안드로이드로, 지각, 감정, 창의적 대화까지 할 수 있는 존재들입니다. 외모도 인간과 동일합니다. 그들의 존재로 인해 가상 세계와 현실의 경계가 허물어질 정도로 몰입감이 생겨나는데, 이는 현 단계의 기술로는 아직 구현되지 못한 상상입니다. 그러나 기술적 진보가 계속된다면 언젠가 인간 한 명이 수많은 지능형 휴머노이드와 상호작용을 하는 세계도 불가능하지만은 않을 것입니다.

실제로 일부 테마파크는 이미 로봇을 도입하기 시작했습니다. 월트디즈니이매지니어링(WDI)은 캐릭터 중심의 로봇 기술을 적극 개

디즈니의 베이비 그루트 로봇

출처: 디즈니이매지니어링R&D

발하여 테마파크에 도입하고 있습니다. 2021년에는 작은 마블 캐릭터 로봇 베이비 그루트를 자율 보행 로봇으로 개발해 공개했습니다. 내장된 카메라와 센서를 통해 주변을 파악하고 머신러닝 기술까지 활용하여 실제 캐릭터처럼 자연스러운 움직임과 반응을 보이며 방문객과 상호작용을 합니다.

또한 스타워즈 갤럭시즈 엣지 지역에서는 작은 드로이드 로봇들이 자유롭게 돌아다니며 방문객과 교감하는 파일럿 테스트가 진행되었습니다. 이 양발로 걷는 드로이드들은 사람들을 인식해 함께 사진을 찍거나 감정을 표현하고 춤을 추기도 했습니다. 유니버설 올랜도에서는 2020년 로봇 강아지 라떼(Latte)를 선보였는데, 식당 앞에서 손님을 맞이하고 교감하는 마스코트 역할을 합니다. 아직 초창기의 모습이지만, 기술과 인프라는 웨스트월드를 향해 나아가는 느낌입니다.

웨스트월드와 인간의 성장

웨스트월드와 같은 몰입형 환경을 교육과 훈련에 사용한다면 어떨까요? 실제처럼 느껴지는 시뮬레이션 안에서 인간은 단순히 책이나 강의로 배울 때보다 훨씬 생생하고 깊은 경험 학습을 할 수 있습니다. 예를 들어, 경영학 교육에서는 현재도 가상의 롤플레잉이나 시뮬레이터를 사용해 리더십, 마케팅 등을 학습하기도 합니다. 마찬가지로 웨스트월드 같은 환경이 주어진다면 경영학을 공부하는 학생들이 가상의 기업 구성원, 고객, 시장을 상대로 여러 가지 활동을 해볼 수도 있습니다. 실수를 해도 다른 이에게 피해를 주거나, 실제 세상에 문제를 일으키지 않으면서도, 현실과 거의 동일한 스트레스와 긴장감을 통해 더 효과적으로 대처 능력을 키울 수 있습니다.

뿐만 아니라, 이러한 사실적인 가상 환경은 심리 치료나 사회교육의 도구로도 활용될 수 있습니다. 예를 들어, 외상 후 스트레스 장애(PTSD)를 겪는 환자가 트라우마 상황과 유사한 시뮬레이션을 점진적으로 경험하며 극복하도록 돕거나, 범죄자 교정 프로그램에서 피해자의 입장을 체험하게 하는 역지사지 시뮬레이션으로 쓰일 수 있습니다. 차별이나 편견을 줄이기 위해 자신과 전혀 다른 환경에 놓인 가상의 인물을 체험해보는 프로그램도 상상해볼 수 있습니다. 이러한 용도로 쓰인다면 웨스트월드형 기술은 인간의 공감 능력을 키우고, 사회적 문제를 간접 체험으로 학습하게 하는 긍정적인 교육 효과를 낼 가능성이 있습니다.

그러나 이러한 몰입형 시뮬레이션 환경이 항상 바람직한 것만은 아니라는 반론도 제기됩니다. 우선, 윤리적 한계의 문제입니다. 예를 들어 교육 목적이라고 해도, 군인을 훈련시키기 위해 휴머노이드 적군을 끊임없이 살상하도록 하는 것은 장기적으로 볼 때 학습자의 폭력에 대한 감수성을 무디게 만들 수 있습니다.

또한 너무 현실적인 몰입 환경은 사용자로 하여금 현실과 가상을 혼동하게 만들 우려도 있습니다. 가상 세계에 장기간 몰입한 사람이 현실 세계의 규범과 가상 세계의 규칙을 혼동하여 부적절한 행동을 할 위험성, 혹은 현실의 인간관계보다 휴머노이드들과의 상호작용에 지나치게 의존하게 되는 현상 등이 그렇습니다.

더 나아가, 웨스트월드식 학습이 과연 최선의 교육인가에 대한 의문도 있습니다. 극한 상황을 미리 체험한다고 해서 반드시 현실에서의 도덕적 판단력이 높아지는 것은 아닐 수 있습니다. 오히려, 가상이라 괜찮다는 인식이 자리 잡으면, 실제 상황에서도 도덕적 책임을 가볍게 여기는 인지 부조화가 생길 위험도 있습니다. 예를 들어, 가상 환경에서 거듭 나쁜 선택을 하던 사람이 현실에서도 비슷한 선택을 정당화할 수 있다는 우려입니다. 결국, 대규모의 휴머노이드를 활용한 몰입형 가상 환경을 교육에 접목하는 것은 큰 잠재력만큼이나 엄청난 윤리적 딜레마를 동반합니다.

휴머노이드의 권리

「웨스트월드」와 같은 시나리오에서 빼놓을 수 없는 질문은 "고도 지능을 갖춘 휴머노이드에게 과연 어느 정도의 윤리적 지위와 권리를 부여해야 하는가?"입니다. 현재 로봇과 AI는 법적으로는 물건이나 도구로 취급되지만, 만약 이들이 인간과 구별하기 힘들 정도의 지능과 감정을 갖게 된다면 이야기는 달라집니다. 웨스트월드 속 휴머노이드들은 고통을 느끼고, 기억을 축적하며, 심지어 자신들의 존재에 대해 성찰하는 모습까지 보입니다. 이러한 수준에 이른 휴머노이드라면 인간은 그들을 단순한 기계로만 대하는 것이 아니라, 하나의 존재로 존중해야 하는 것이 아닐까 하는 물음입니다.

또한, 인간과 흡사한 지능과 감정을 지닌 휴머노이드를 실험, 테스트, 폭력의 대상으로 삼는 것은 많은 이들에게 불편한 윤리적 감정을 불러일으킵니다. 웨스트월드에서는 인간 방문객들이 휴머노이드 호스트를 살해하거나 학대해도 법적 문제가 없지만, 콘텐트를 보는 시청자는 점차 휴머노이드들을 하나의 인격체로 여기게 되어, 그들이 겪는 고통에 공감하며 불편한 감정을 느낍니다.

이는 현실에서도 마찬가지입니다. 인간은 로봇이라 할지라도 마치 생명체처럼 행동하면 거기에 감정을 이입합니다. 실제 연구 사례를 보면, 사람들은 로봇 강아지를 발로 찰 때조차 죄책감을 느끼고, 심지어 폭탄 제거 로봇에 군인들이 이름을 붙이고 애착을 가지는 일도 보고되었습니다. 만약, 휴머노이드가 단순한 도구를 넘어서, 인류의 새로운 동반자가 된다면, 최소한의 윤리적 고려와 권리를 부여하는 것이 인간을 위한 도리일지도 모릅니다.

휴머노이드의 권리문제는 단순히 휴머노이드를 보호하자는 의미뿐만 아니라, 인간의 인간다움을 지키기 위해 우리가 어디까지 타자(他者)를 존중할 수 있는가를 되묻는 과정인지도 모릅니다.

사회적 형평성 문제와 계층화

인간 1명과 휴머노이드 1,000대가 공존하는 웨스트월드와 같은 환경이 현실화된다면, 사회적 형평성과 새로운 계층화에 대한 우려도 커질 것입니다. 먼저, 그러한 최첨단 AI 휴머노이드들을 활용할 수 있는 사람과 그렇지 못한 사람 사이의 격차 문제가 발생합니다.

특정인이 보유한 수많은 휴머노이드는 경제적 부의 분배 측면에서 강력한 계층화의 동인(動因)이 될 수 있습니다. 휴머노이드를 생산하거나 대량으로 소유한 기업과 개인은 막대한 이득을 얻는 반면, 많은 노동자들은 일자리 상실의 위험에 처할 수 있기 때문입니다. 웨스트월드의 호스트들이 인간 노동자를 대체하여 테마파크를 운영하듯이, 현실에서도 휴머노이드가 대거 투입된다면 여러 산업에서 자동화로 인한 실업이 발생할 것입니다.

더불어, 이러한 휴머노이드 착취 구조의 장기적 결과로서 휴머노이드의 반란이나 통제가 어려워지는 사태도 고려됩니다. 웨스트월드 서사는 학대받던 호스트들이 결국 의식을 갖추고 인간에 대해 반란을 일으키는 방향으로 전개되는데, 현실에서도 만약 지능형 휴머노이드를 지속해서 착취하고 경시한다면 통제 불가능한 상황을 초래할지도 모릅니다. 비록 아직 공상과학 같은 이야기지만, 전문가들 사이에서는 강력한 AI가 등장할 경우 그 안전장치와 윤리적 대우를 미리 마련하지 않으면, 예측하지 못한 위험을 불러오리라는 경고가 많습니다.

마지막으로, 국가 간의 형평성도 생각해볼 수 있습니다. 어떤 국가나 기업은 웨스트월드 같은 AI 휴머노이드 기술을 풍부히 갖추고 다른 곳은 그렇지 못하다면, 국제적인 기술 식민지화나 패권 경쟁도 발생할 수 있습니다. 수많은 휴머노이드를 굴릴 수 있는 국가와 그렇지 못한 국가 사이에 경제력과 군사력 격차가 벌어진다면, 세계 질서는 새로운 형태로 재편될 수 있습니다.

결론

「웨스트월드」 시나리오를 통해 우리가 직면하게 될 문제들은 단순히 기술 구현의 난이도를 넘어, 인간 존재와 사회를 근본적으로 돌아보게 만드는 질문들입니다. "웨스트월드가 다가오는가?"라는 질문에 대해 우리는 기술적 가능성만을 묻는 게 아니라, "우리는 어떻게 그것을 다룰 준비를 할 것인가?"라는 질문도 함께 물어야 합니다. 언젠가 현실에 웨스트월드와 유사한 환경이 등장한다면, 우리 미래는 어떻게 바뀔까요? 답은 아직 정해지지 않았습니다. 앞으로 누적될 우리의 선택들이 그 답을 써나갈 것입니다.

사유의 문을 열며

- 당신에게 웨스트월드 방문 티켓이 무료로 주어진다면, 당신은 그곳에 가실 건가요? 그렇게 선택한 이유는 무엇인가요?

- 웨스트월드 같은 환경 구성이 가능하다면, 본문에서 언급한 놀이, 교육적 목적 이외에 어디에 써보고 싶은가요?

휴머노이드에게
테라포밍을 맡길 수 있을까?

테라포밍(Terraforming)은 지구가 아닌 행성의 환경을 인위적으로 조작하여 인간과 지구 생물이 살 수 있는 지구화(地球化)된 환경으로 만드는 과정을 말합니다. 이는 행성 규모의 생태공학으로, 궁극적으로 해당 행성에 지구의 생물권과 유사한 자급 가능한 개방형 생태계를 구축하는 것이 목표입니다. 예를 들어, 대기가 거의 없고 표면 온도가 매우 낮은 화성에 산소가 포함된 두꺼운 대기를 만들어 물과 생명이 순환하는 환경으로 바꾸는 구상이 테라포밍에 해당합니다.

이 개념은 원래 SF 문학에서

> **자급 가능한 개방형 생태계**
>
> 외부 환경과 자유롭게 물질과 에너지를 교환하면서도 내부적으로는 자원 순환이 이루어져 지속적으로 유지될 수 있는 생태계를 의미합니다. 이는 자연 생태계와 유사하게 광합성, 물질 순환, 에너지 흐름 등이 자율적으로 작동하며, 외부에서 지속적인 자원 공급 없이도 생명체가 번영할 수 있는 환경을 제공합니다.

잭 윌리엄슨의 『Collision Orbit』

탄생했습니다. 1930년에 출간된 올라프 스테이플든(Olaf Stapledon)의 소설 『Last and First Men』 등에서 외행성을 인간 거주지로 바꾸는 이야기가 나왔고, 1942년에 출간된 잭 윌리엄슨(Jack Williamson)의 단편 소설 『Collision Orbit』에서 처음으로 테라포밍이라는 용어를 사용했습니다.

이 개념이 과학계로 진지하게 들어온 계기는 1961년 천문학자 칼 세이건(Carl Sagan)이 「사이언스」에 발표한 논문 때문입니다. 세이건은 금성의 대기에 미생물을 뿌려 이산화탄소를 제거함으로써 온실효과를 줄이는 금성 테라포밍 아이디어를 제시했습니다.

테라포밍이 정말 가능한가?

현재 논의되는 주요 테라포밍 접근법은 크게 대기 조성 변화, 기온 조절, 그리고 생태계 구축의 세 측면으로 구분할 수 있습니다. 특히 화성에 집중된 이러한 논의는 화성의 얇은 대기를 두껍게 만들고 온도를 높여 물의 안정적 존재를 가능하게 한 뒤, 미생물과 식물을 도입해 생태계를 형성하는 방향으로 진행됩니다.

이러한 기술적 접근들 각각에는 엄청난 규모의 공학적 도전이 따릅니다. 화성의 경우 필요한 이산화탄소를 확보하는 것부터 난관입니다. NASA의 2018년 연구에 따르면, 현재 화성에 존재하는 모든 이산화탄소 자원을 동원한다고 해도 대기압을 지구의 7% 수준으로밖에 올릴 수 없어 충분한 온난화를 이루지 못하기 때문에, 현 기술 수준으로는 화성 테라포밍이 불가능하다는 결론이 나온 바 있습니다.

인류가 테라포밍을 꿈꾸는 이유

인류가 이처럼 막대한 노력과 시간을 들여 다른 행성을 테라포밍 하고자 하는 이유와 필요성은 크게 두 측면에서 논의됩니다.

첫째, 지구 자원과 환경 한계에 대한 대응입니다. 미래 인구 증가와 자원 고갈, 기후 변화 등의 문제로 인해 언젠가 지구만으로는 인류의 지속적인 발전을 감당하기 어려울 수 있다는 우려가 있습니다. 다른 행성을 인간이 거주할 수 있게 바꾼다면, 지구의 자원 소모와 환경 부담을 줄이고 인류에게 새로운 생활권과 자원 공급원을 제공할 수 있을 것이라는 기대가 있습니다.

둘째, 인류 생존과 문명의 연속성 보장이라는 면입니다. 한 행성에만 인류가 모여 있는 것은 '모든 달걀을 한 바구니에 담은 격'이라는 비유가 있습니다. 지구에 대재앙(예: 소행성 충돌, 치명적 전염병, 핵전쟁 등)이 발생하면 인류 문명 전체가 소멸할 수 있으므로, 다행성 종이 되는 것은 일종의 보험이 됩니다. 실제로 스티븐 호킹이나 일론 머스크 등은 인류가 수백 년 내에 지구 밖으로 진출하지 못하면 멸종 위험을 피하기 어렵다고 경고해왔습니다. 이런 주장은 테라포밍을 통해 장기적으로 인류가 거주 가능한 다른 행성을 만들 필요가 있다는 주장에 힘을 보탭니다.

물론 회의적인 목소리도 있습니다. 천문학적 비용과 에너지를 들여야 하는데 그만한 가치가 정말 있냐, 혹은 지구를 먼저 지키는 것이 우선 아니냐는 반론입니다.

테라포밍과 휴머노이드의 역할

휴머노이드가 테라포밍에 기여할 수 있는 가능성으로 주로 두 가지 측면을 주목합니다. 하나는 극한 환경에서의 작업 능력, 다른 하나는 고도의 자율성과 증식 능력입니다.

휴머노이드는 인간이 견디기 어려운 가혹한 환경에서 활동할 수 있습니다. 화성의 초기 조건에서는 인간이 보호복과 지원 장비 없이 야외 활동을 할 수 없지만, 특수 제작된 휴머노이드는 이러한 제약 없이 24시간 작업이 가능합니다.

휴머노이드는 범용 로봇과 비교할 때 우주 탐사에 여러 이점이 있습니다. 인간형인 만큼 우주선, 우주 정거장의 기존 장비를 그대로 사용할 수 있습니다. 기존 우주 인프라를 활용할 때, 휴머노이드를 투입하면 별도의 환경 개조, 신규 장비 개발 비용이 발생하지 않습니다. 우주 비행사가 휴머노이드의 동작을 직관적으로 이해하고 제어할 수 있어서, 협업이 수월합니다. 국제우주정거장(ISS)의 로보넛2(Robonaut 2)가 사람 대신 반복적이거나 위험한 작업을 수행한 사례가 있습니다. 또한 우주 비행사 한 명을 훈련하는 데 수년의 시간, 수백억 원의 비용이 소요되는데, 휴머노이드는 훈련 결과를 복제하고 대량생산을 할 수 있어서, 탐사 규모가 커질수록 비용 절감 효과가 증가합니다. 물론, 휴머노이드 형태가 일반 로봇에 비해 장점만 있다는 뜻은 아닙니다. 현재 상황에서는 전반적으로 기술의 성숙도가 낮고, 특정 목적을 놓고 볼 때 비용 대비 기능이 부족한 상태입니다.

NASA는 재난 대응용으로 개발한 휴머노이드 발키리(Valkyrie)를 화성 기반 건설과 유지 보수 작업에 투입하는 방안을 연구하고 있습니다. 이처럼 휴머노이드는 기지 건설, 장비 수리, 자원 채취 등 현장

> ### 화성의 초기 조건
>
> 화성은 중력이 부족하여 지표 부근의 대기압이 약 0.006기압으로 지구의 약 0.6%~0.7%에 불과합니다. 표면의 평균 온도는 약 -80℃입니다. 대기가 희박하여 열을 유지하기 어렵기 때문입니다. 화성에서 생명체가 살 수도 있다는 가능성(과거 물이 흐르던 흔적, 메탄의 존재 확인 등)이 제기되면서 오늘날까지 뜨거운 관심을 받고 있습니다.

NASA의 휴머노이드 발키리

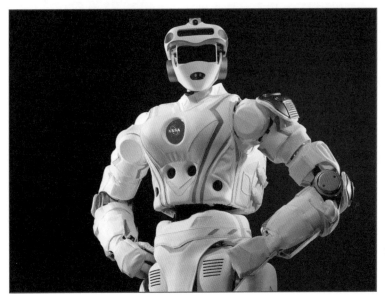

출처: NASA

작업자로 활약하여, 초기 개척 단계에서 인간의 부담과 위험을 크게 줄여줄 것으로 기대됩니다.

다음으로, 보다 미래 지향적인 시나리오이지만 자기 복제 및 자율 운영 능력을 갖춘 로봇 시스템도 논의되고 있습니다. 1980년대 로버트 프레이터스(Robert Freitas) 등은 자기 복제 로봇(Self-Replicating Robot) 개념을 제안했습니다. 씨앗에 해당하는 작은 기계를 보내면, 대상 행성의 자원을 활용해 스스로 복제하여 거대한 집합체를 형성한다는 개념입니다. 쉽게 말해서, 인간이 아이를 낳듯이 로봇이 로봇을 만들어낸다는 가정입니다. 이러한 자기 복제 로봇이 현실화된다면,

MIT CBA 연구팀의 자기 복제 로봇

초기 소수의 로봇만 테라포밍을 하려는 행성에 보내도 시간이 지남에 따라 기하급수적으로 늘어난 로봇 군단으로 행성 대기 생성, 지형 개조, 방사선 차단 등 방대한 임무를 수행할 수 있습니다.

    현재도 이러한 방향성을 향한 초기 단계 기술들이 등장하고 있습니다. 예를 들어, 3D 프린팅 로봇을 이용해 우주 기지를 건설하려는 실험입니다. NASA가 개최한 챌린지에서는 유인(有人) 임무 전에 자율 로봇 팀이 화성 표면에 보호 돔을 미리 지은 뒤 나중에 도착한 우주 비행사들과 함께 팽창식 모듈을 조

🏠 우주 기지

우주 기지는 단순한 연구 시설을 넘어, 지속 가능한 인류의 우주 거주 가능성을 시험하는 중요한 거점입니다. 현재 국제우주정거장(ISS) 같은 지구 궤도 기지가 활발히 운영되고 있으며, NASA, SpaceX, 중국 CNSA 등이 달과 화성에 우주 기지를 건설하는 프로젝트를 추진 중입니다.

립한다는 제안이 최종 후보에 올랐습니다.

휴머노이드 테라포밍의 사회적, 경제적, 윤리적 문제

테라포밍에 휴머노이드 로봇을 투입하는 구상에는 사회적, 경제적, 윤리적 쟁점들도 뒤따릅니다. 주요 이슈를 몇 가지 측면에서 정리하면 다음과 같습니다.

첫째, 사회적 측면입니다. 테라포밍 프로젝트는 수세대에 걸쳐 진행될 가능성이 높으며, 막대한 자원을 필요로 하기 때문에 사회적 합의와 지지가 필수입니다. 지구상의 많은 사람들이 당장 눈앞의 문제가 아닌 먼 미래를 위한 개척에 재원을 투입하는 것을 지지할지, 혹은 지구 문제부터 해결하자는 쪽에 설득될지는 사회적 담론에 달려 있습니다.

둘째, 경제적 측면입니다. 행성 하나를 개조하는 데는 상상을 초월하는 경제적 비용이 들 것입니다. 추정에 따라 다르지만, 화성을 부분적으로 테라포밍하는 데조차 수조 달러에 이르는 비용이 필요하다는 분석이 많습니다. 이러한 비용을 누가 부담하며, 어떻게 조달할 것인가는 현실적으로 풀기 어려운 과제입니다. 인류사에서 전례 없는 투자가 요구되며, 이는 지구 사회의 경제체제와 우선순위에 대한 재편을 뜻합니다.

셋째, 윤리적 측면입니다. 테라포밍 자체에 대한 윤리 논쟁과 더불어 휴머노이드 활용에 따른 윤리 문제가 모두 존재합니다. 지적 능력을 갖춘 휴머노이드를 단순 도구로 삼아 혹사하는 것이 도덕적으로 정당한가? 휴머노이드가 스스로 느끼고 판단할 수 있게 된다면, 그들에게도 도덕적 지위

> ### 🦠 테라포밍 자체에 대한 윤리 논쟁
>
> 테라포밍은 인류의 이익을 위해 행성의 자연 상태를 변화시키는 행위입니다. 우주를 인간의 소유로 간주할 것인지, 아니면 보호해야 할 자연으로 볼 것인지, 테라포밍의 결과로 발생 가능한 환경적 책임을 누가, 어떻게 질 것인지, 테라포밍한 행성의 소유권은 누구에게 귀속되는 건지 등 이 밖에도 논의가 필요한 다양한 윤리 문제가 우리 앞에 놓여 있습니다.

나 권리를 인정해야 하는가? 이러한 질문들은 기존의 윤리 체계로는 답하기 어려운 개념들입니다. 예컨대, 화성 식민지 사회에서 휴머노이드들은 대다수 중노동을 도맡는 노동 계층이 될 텐데, 이들을 단순한 기계로 볼 것인지 아니면 사회 구성원으로 인정할 것인지에 대한 논쟁이 일어날 수 있습니다.

결론

휴머노이드에게 테라포밍을 맡길 수 있을까? 제가 이런 SF적 질문으로 이번 챕터를 구성한 이유는 이렇습니다. 휴머노이드는 인간과 닮았지만, 인간의 역량을 넘어서는 부분도 많습니다. 앞으로 그런 휴

머노이드가 점점 더 많이 등장할 것입니다. 인류는 자신의 역량을 바탕으로 무언가를 꿈꾸고 세상을 만들어왔는데, 이제 인간을 넘어서는 휴머노이드와 함께라면 좀 더 장대하게 무엇까지 꿈꾸고, 어떤 세상까지 만들 수 있을지를 독자들과 함께 상상해보고 싶었습니다.

사유의 문을 열며

- 만약 오늘날 휴머노이드를 활용한 테라포밍에 찬반 투표를 실시한다면 찬성하실 건가요? 아니면 반대하실 건가요? 또 그렇게 선택한 이유는 무엇인가요?

- 휴머노이드가 지구 내의 극한 환경(극지방, 심해, 지하 등)이나 우주를 탐험하려면 어떤 특성을 지녀야 할까요? 또 휴머노이드를 살아남기 힘든 극한 환경 탐험에 활용해도 된다고 생각하시나요?

무한의 시공간을
탐험하는 존재로 진화한다

휴머노이드에게 시간은 어떤 의미를 가질까요? 인간과 마찬가지로 휴머노이드 또한 경험을 통해 끊임없이 학습하고 기억을 축적합니다. 차이가 있다면, 인간은 세월과 함께 기억이 희미해지고 육신도 노쇠하지만, 휴머노이드는 필요하다면 축적된 데이터를 영구히 보존할 수 있다는 점입니다.

충분히 발달한 AI가 내장된 휴머노이드는 각자의 경험으로 형성된 개인성을 갖출 수 있습니다. 10년, 50년, 혹은 100년 이상 작동하면서 자기만의 성격과 지식을 쌓아가는 휴머노이드를 상상해봅시다. 부품만 제때 교체해준다면, 이론적으로는 수백 년도 거뜬히 살아갈 수 있습니다.

휴머노이드의 불멸성

휴머노이드의 불멸성은 복제와 이전이라는 개념으로 확장됩니다. 만약 한 휴머노이드의 AI를 그대로 복사해 새로운 기체에 이식한다면 그 개체를 어떻게 생각해야 할까요? 겉보기에는 이전과 동일한 기억과 성격을 지닌 또 하나의 개체가 탄생합니다. 이는 기존의 휴머노이드와 같은 개체일까요? 아니면 기억만 이어받은 완전히 새로운 개체일까요?

기술이 눈부시게 발달한 먼 미래, 휴머노이드는 어쩌면 자신의 기억과 개성을 수백 년간 이어가는 것은 물론, 여러 번의 신체 교체를 거쳐서도 스스로를 동일한 자신으로 인식하는 새로운 형태의 생명체가 되어 있을지도 모릅니다.

현재 지구에는 수백 년을 살 수 있는 지적 생명체가 없습니다. 인간의 삶도 아직 유한합니다. 그런데 아이러니하게도 유한한 수명을 가진 인간은 무한한 수명을 가질 수 있는 휴머노이드를 만들어가고 있습니다. 인간의 지능 또는 그 이상의 지능을 품고 세상에 태어난, 기술적으로는 수천 년을 살아갈 수 있는 존재를 말입니다. 그런 존재가 무수히 많아진 미래는 과연 어떤 모습일지, 상상하기도 벅찹니다.

마인드 업로딩과 뇌-신경계 이식

이번에는 반대로 인간의 의식을 기계로 이전하는 가능성을 살펴보겠습니다. 마인드 업로딩(Mind Uploading)이라 불리는 개념은 인간의 두뇌 속 기억, 성격, 사고 패턴 등을 모두 데이터로 복제하여 컴퓨터나 로봇에 옮기는 것을 뜻합니다. 이론적으로 사람의 뇌와 신경 연결망 전체를 정밀 스캔해 디지털화할 수만 있다면, 우리의 의식을 프로그램 형태로 만들어 영원히 저장하거나 작동시킬 수 있다는 발상입니다. 이를 실현하기 위해 신경과학 분야에서는 뇌신경 연결 지도를 정밀 분석하고, 뇌의 전기, 화학 신호를 해석하는 연구가 진행 중입니다. BCI, 고해상도 뇌 스캔, 신경 임플란트 등을 통해 뇌 데이터를 수집하고, 그 데이터를 바탕으로 인공 신경망 시뮬레이션을 수행하는 것 등입니다.

뇌-신경계 이식은 결이 조금 다릅니다. 이는 기계 몸에 인간의 뇌 그 자체를 이식하거나, 혹은 뇌와 컴퓨터를 직접 연결하여 사고 활동을 지속시키는 방법입니다. 마인드 업로딩이 의식의 복제라면, 뇌-신경계 이식은 기존 뇌의 연속성을 유지한 채 옮기는 방법이라고 볼 수 있습니다. 인간의 뇌를 기계 신체에 이식하는 개념은 주로 BCI 기술로 접근되고 있습니다. 실제로 생체 뇌 자체를 로봇 몸체에 옮기는 시도는 아직 없지만, 뇌 신호를 기계 장치로 전달하여 인간의 의도를 로봇이나 인공 기관이 수행하도록 연결하는 연구는 활발합니다. 예를 들어, 2019년에는 뇌 신호로 제어되는 로봇 외골격을 통해 전신 마비 환자가 제한적으로나마 걷는 데 성공하기도 했습니다. 이러한 성과들은 부분적인 뇌-기계 통합이 점차 현실화되고 있음을 보여줍니다. 2024년, 중국 텐진대학교 연구팀은 인간의 줄기세포로부터 배양한 뇌 오가노이드(작은 뇌 조직)를 마이크로칩 위에 올려 간단한 AI처럼 활용하는 브레인온칩(Brain-on-Chip) 기술을 발표하기도 했습니다. 이 인공 미니 뇌를 로봇과 연결한 결과, 인간 뇌 세포 다발이 로봇의 움직임을 제어하는 데 성공했습니다. 이 연구는 생체 신경세포와 반도체 인터페이스를 결합하여, 향후 뇌-기계 융합 연구의 색다른 방향을 제시한 셈입니다. 물론, 아직은 장기적 안전성, 신호 전달 품질 등 해결할 문제가 산적해 있습니다.

이러한 발상은 이미 대중문화에서도 몇 차례 등장했습니다. 영화 「로보캅」에서는 중상을 입은 경찰관 머피가 기계 몸으로 다시 태어나 사이보그가 됩니다. 그는 비록 자신의 신체 대부분을 금속 장치로 대체했지만, 여전히 옛 기억을 간직한 채 인간성을 잃지 않으려 고뇌합니다. 인간의 두뇌와 장기를 가진 사이보그 경찰이 활약하는 이야기를 최초로 그려내며 인간성과 기계성의 경계를 화두로 던진 작품이었습니다.

제가 2024년에 발표한 SF 장편소설인 『기억의 낙원』은 앞의 두 가지 접근이 모두 가능하다는 설정을 바탕으로 합니다. 인간의 기억과 의식을 데이터화하여 거래가 가능하다는 설정, 육신의 수명이 다한 사람의 몸에서 뇌와 신경다발을 분리해서 컴퓨터에 연결하여 메타버스 속 가상공간에서 삶을 이어갈 수 있다는 설정입니다.

여기서 유일성과 연속성의 문제가 다시 부각됩니다. 만약 내 뇌를 스캔하여 똑같은 나의 의식을 가진 프로그램을 만들었다면, 그 프로그램은 나일까요, 아니면 나의 복제물에 불과할까요? 업로딩된 의식이 현실의 나와 별개로 존재한다면, 원본인 나는 여전히 유한한 삶을 살다가 죽겠지만 데이터로서의 나는 그 이후에도 계속 존재하게 됩니다. 그렇다면 이를 내 생명의 연장이라 볼 수 있을지, 아니면 그저 나와 닮은 또 다른 존재의 탄생으로 봐야 할지 혼란스러워집니다. 또는, 뇌를 통째로 휴머노이드에 이식해서 육체적 연속성을 유지하는 경우도 있습니다. 이때는 본인이 계속 물리적 세계에서 살아간다고 느낄 수도 있을 것입니다.

인간 존재의 의미와 수명의 제약

무한한 시공간을 살아갈 수 있는 존재가 되어 계속해서 기억과 지식을 축적해나간다고 상상해봅시다. 처음 몇백 년은 광대한 우주와 학문의 세계를 탐험하며 경이로운 발전을 이루어낼지도 모릅니다. 그러나 영원한 삶 앞에서는 하루하루의 경험이 갖는 무게와 의미가 퇴색될 위험도 있습니다. 불멸의 존재에게는 살아갈 이유와 정체성마저 희미해지는 권태의 시간이 찾아올지도 모릅니다. 세상의 모든 변화와 무게를 오롯이 견디며 살아가야 하는 고독 또한 불멸의 존재가 짊어져야 할 몫입니다.

삶의 질적인 측면에서도 의문이 생깁니다. 기계로서의 불멸성은 고통이나 육체적 한계에서는 자유로울지 모르지만, 인간만의 감각적 즐거움이나 유한하기에 빛나는 순간들을 그대로 누릴 수 있을지는 미지수입니다. 우리의 감정, 예술, 사랑과 같은 경험들은 언젠가 끝이 있기에 더욱 강렬하고 소중한 것일지도 모릅니다. 따라서 AI와 휴머노이드 기술을 바탕으로 영생을 손에 넣는 것이 과연 축복일지, 아니면 예기치 못한 새로운 형태의 고독과 무의미를 불러올지 섣불리 단정할 수 없습니다.

결론

휴머노이드, 마인드 업로딩, 뇌-신경계 이식 기술이 완성되는 시대가 온다면, 우리는 스스로 인간의 정의를 다시 써야 할지도 모릅니다. 어느 날 눈을 떠보니 기계 몸에서 새로운 삶을 이어가고 있다면, 그것을 과연 삶이라 부를지 아니면 또 다른 무언가로 봐야 할지 아직 명확한 답은 없습니다.

결국 이러한 미래를 받아들일지 말지는 우리 인간의 선택에 달려 있습니다. 기술은 우리에게 상상도 못 한 능력을 부여하겠지만, 그 능력을 어떻게 활용할지에 대한 윤리적, 철학적 판단은 온전히 우리의 몫입니다. 무한한 삶의 기회가 주어진다면 이를 기꺼이 받아들이겠다는 사람도 있을 것이고, 반대로 자연스러운 유한한 삶을 고집하며 인간다움의 가치를 지키고자 하는 사람도 있을 것입니다. 인류는 언젠가 이러한 선택의 기로에 서게 될 것입니다.

사유의 문을 열며

- 당신이 죽더라도 기억과 의식이 업로드되어 휴머노이드의 모습으로 깨어난다면, 그 존재는 여전히 당신일까요?

- 유한한 삶과 무한한 삶 중 하나를 선택할 수 있다면, 당신은 어떤 삶을 선택하실 건가요?

당신의 질문은 무엇입니까?

여기까지 함께해주셔서 고맙습니다. 이제 우리는 인간을 닮은 기계와 공존할 준비가 되었을까요? 이 책에서 휴머노이드에 관한 다양한 질문을 탐색했지만, 여전히 우리에게는 발견하지 못한 질문, 무지의 빈틈이 많습니다. 그 무지의 빈틈 일부를 당신이 채워주면 좋겠습니다.

『휴머노이드: 인간을 닮은 기계, 공존의 시작』

• 이 책에서 다루지 못한, 인류가 품어야 할 새로운 질문을 적어주세요.

• 당신이 던진 질문에 대해, 당신이 가진 지식과 생각을 자유롭게 적어주세요.

완결된 답이 아니어도 좋습니다. 이런 질문과 생각의 파편들이 모여서 앞으로 나아간다고 믿습니다. 당신의 생각을 가족, 친구, 그리고 나아갈 세상을 향해 나눠봅시다.

상상은 현실이 됩니다.
나누고자 하는 의견은 언제나 환영입니다.
saviour@khu.ac.kr로 여러분의 상상을 보내주세요.

인지과학자가
휴머노이드를 얘기하는 이유는?

저는 인지과학 박사 학위를 받은 뒤, 한동안 게이미피케이션 (Gamification)을 연구했습니다. 게임적 요소를 현실 세계의 교육, 비즈니스, 의료 등에 적용해 더 높은 몰입과 성취를 끌어내는 작업이었습니다. 그런데 연구 과정에서 묵직한 질문을 받았습니다. "왜 게임 속에서 살인은 허용하면서도, 성범죄는 금지할까요?"라는 것이었습니다.

쉽게 답하지 못했습니다. 게임이라는 가상공간이 현실 세계의 윤리 기준과 어떻게 충돌하고 재구성되는지를 고민하게 했습니다. 두 세계에서 인간의 인지, 경험, 행동은 무엇이 다른가를 탐구하고 싶었습니다. 그렇게 저는 메타버스라는 더 큰 세계로 시야를 넓혔습니다. 메타버스를 연구하면서, 메타버스가 현실처럼 정교하게 발전하려면, 다양한 공간과 오브젝트가 실시간 생성되고, 각종 물리적 상황이 자연스럽게 재현되는 과정에서 AI가 필수적이라는 점을 깨달았습니다. 또한, 메타버스를 채울 AI 아바타의 증가를 예견하면서, AI 연구에 다시 관심을 가지게 됐습니다.

AI의 현황과 미래를 탐구하면서, 대중이 느끼는 감정 변화에 관심이 갔습니다. 제가 진행한 빅데이터 분석에서 생성형 AI에 대한 대중의 감정은 흥미, 불안, 분노가 뒤섞여 있었습니다. 사람들이 AI를 통해 새로운 가능성을 발견함과 동시에 충격을 받고 있다는 생각이 들었습니다. 문득, "진정한 충격은 아직 안 온 것이 아닐까? AI가 인류에게 진정한 충격을 주는 변곡점은 어디일까?"라는 의문이 생겼습니다. 여러 연구와 토론 끝에 저는 "AI가 휴머노이드의 두뇌 역할을 하게 되는 순간이다."라고 결론 내렸습니다.

이 책에서는 휴머노이드로 인해 우리 일상, 관계, 일, 직업, 사회, 경제, 산업 등에 어떤 변화가 나타날지를 풀어냈습니다. 여러 분야의 이론과 시선을 담았지만, 인지과학을 중심에 놓고 휴머노이드를 바라봤습니다.

급변하는 세상, 개인과 기업의 준비

이토록 급변하는 기술과 환경 앞에서, 개인은 어떤 목표를 세우고 무엇을 학습해야 할까요? 기업은 어떻게 새로운 기회를 잡아야 할까요? 먼저, 개인을 생각해보겠습니다. 학습의 경계를 허물어야 합니다. 기존의 학문 분야가 급속히 융합되는 시대입니다. 이 책에서 살펴본 휴머노이드는 기계공학, 전자공학, 컴퓨터공학의 산물일까요? 아닙니다. 공학의 토대만으로 휴머노이드를 지탱할 수는 없습니다. 휴머노이드는 뇌과학, 심리학, 경제학, 법학 등 거의 모든 학문의 총체입니다. 따라서, 하나의 분야에 국한되지 않고, 인접 영역과 접점을 찾고 협업하는 태도가 중요합니다. 휴머노이드 심리학, 휴머노이드 윤리학, 휴머노이드 의료 같은 분야가 떠오를지도 모릅니다. 미래 직업 생태계가 지금과 같을 거라고 단정해서는 안 됩니다. 기술이 빠르게 업데이트되고, 새로운 직무나 산업이 탄생하기 마련이니, 유연한 목표를 세우고 계속해서 배움을 이어가는 자세가 필요합니다.

기업에도 기회와 위기가 공존합니다. 휴머노이드나 BCI가 상용화되면, 막대한 수요가 생길 분야가 적지 않습니다. 예컨대, 휴머노이드 하드웨어 제조, 인간-휴머노이드 인터페이스 소프트웨어, 의료 재활 솔루션, 원격 휴머노이드 서비스 등 열거하기도 어려울 만큼 다양하게 새로운 시장이 열립니다. 기업은 기존 제품, 서비스가 향후 휴머노이드 생태계와 어떻게 결합될 수 있을까를 미리 고민하고, 사업 전략을 마련해야 합니다.

소설 프랑켄슈타인 속 괴물을 생각하며

소설 『프랑켄슈타인』에 등장하는 괴물은 자신의 존재를 비극적이고 모순적인 것으로 인식하며, 창조주인 빅터 프랑켄슈타인과 복잡한 관계를 형성합니다. 괴물은 자신이 인간 집단에 소속되고 사랑받을 자격이 있는 존재라 생각했으나, 인간들이 자신의 외모와 본질을 받아들이지 못한다는 사실에 깊게 절망합니다. 이 과정에서 괴물은 자신을 사랑받을 자격이 없는 비참한 존재로 평가하며, 자신의 창조주인 빅터 프랑켄슈타인에게 깊은 배신감을 느낍니다. 처음에는 창조주로서 빅터에게 사랑과 책임을 기대했지만, 버림받은 뒤에는 그를 고통의 근원으로 간주하며 증오합니다.

저는 소설 프랑켄슈타인을 읽으며 느낀 괴물과 인간의 관계가, 오늘날 휴머노이드와 인간의 관계와도 연결된다고 봅니다. 휴머노이드는 인간에 의해 창조되었고, 인간의 필요와 욕구를 충족시키기 위해 설계된 존재입니다. 그러나 휴머노이드가 점차 더 복잡한 AI와 감정을 갖게 된다면, 인간과의 관계에서 갈등이 발생할 가능성도 높습니다. 인간은 창조자로서 휴머노이드에게 책임감을 가져야 하지만, 만약 그 책임을 다하지 못하거나 휴머노이드를 단순한 도구로만 여긴다면, 휴머노이드 역시 괴물처럼 인간에 대해 반감을 품거나 대립할 가능성이 있습니다. 특히, 인간이 휴머노이드를 악의적으로 통제하거나, 불완전한 상태로 내버려둔다면, 이는 기술적 비극의 씨앗이 될지도 모릅니다.

창조자가 창조물을 제대로 이해하지 못하거나 돌보지 않는다면, 그 결과는 단순한 실패를 넘어 상호 파괴로 이어질 수 있습니다. 빅터와 괴물의 관계는 인간과 휴머노이드가 미래에 직면할 도전과 갈등을 미리 경고하는 듯 읽힙니다.

인지과학자가 바라본 휴머노이드의 의미

제가 연구자 생활을 시작할 때만 해도, 인간 수준의 AI, 휴머노이드는 SF적 상상에 가까운 주제였습니다. 그러나 어느덧 우리는 문학적 상상이 공학적, 과학적으로 구체화되는 단계에 도달하고 있습니다.

휴머노이드는 단순히 기술적 산물이나 도구가 아니라, 인간이 만든 또 하나의 거울이자 시험대입니다. 우리는 그들의 존재를 통해 인간성, 감정, 윤리, 그리고 우리 자신의 한계와 가능성을 반추하게 됩니다. 인지과학자로서 저는 휴머노이드가 우리에게 던지는 질문에 주목합니다. "인간이란 무엇인가?"라는 물음이 그 중심에 있습니다. 인간은 고유한 사고, 감정, 창조적 능력을 지닌 존재로 스스로를 정의해 왔습니다. 그러나 우리가 만든 휴머노이드가 점점 더 인간을 닮아갈수록, 우리는 인간다움의 경계와 의미를 다시 정립해야 합니다.

휴머노이드의 등장은 단지 기술적 혁신의 문제가 아닙니다. 그것은 인간과 기계의 공존, 그리고 더 나아가 인간 자신에 관한 이해의 확장을 요구하는 사회적, 문화적 도전입니다. 휴머노이드를 이야기하며, 저는 궁극적으로 인간의 가능성과 한계를 이야기하고 싶었습니다. "인간이란 무엇인가? 인간은 기술을 통해 어떤 존재로 진화하는가?" 이 질문에 관한 답을 함께 찾아주시길 부탁합니다.

휴머노이드

초판 1쇄 인쇄 2025년 2월 25일
초판 1쇄 발행 2025년 3월 7일

지은이 | 김상균
펴낸이 | 권기대
펴낸곳 | ㈜베가북스

주소 | (07261) 서울특별시 영등포구 양산로17길 12, 후민타워 6-7층
대표전화 | 02)322-7241   **팩스** | 02)322-7242
출판등록 | 2021년 6월 18일 제2021-000108호
홈페이지 | www.vegabooks.co.kr **이메일** | info@vegabooks.co.kr
ISBN | 979-11-92488-77-6 (13320)
